Ralf Winkler

Der Einfluß des Datenerhebungsdesigns auf die Ergebr

Eine empirische Untersuchung am Beispiel des Linienflugmarktes

Ralf Winkler

Der Einfluß des Datenerhebungsdesigns auf die Ergebnisse von Conjoint-Analysen

Eine empirische Untersuchung am Beispiel des Linienflugmarktes

Diplom.de

Bibliografische Information der Deutschen Nationalbibliothek:

Bibliografische Information der Deutschen Nationalbibliothek: Die Deutsche Bibliothek verzeichnet diese Publikation in der Deutschen Nationalbibliografie; detaillierte bibliografische Daten sind im Internet über http://dnb.d-nb.de/ abrufbar.

Copyright © 1997 Diplomica Verlag GmbH
Druck und Bindung: Books on Demand GmbH, Norderstedt Germany
ISBN: 978-3-8386-1433-5

http://www.diplom.de/e-book/217290/der-einfluss-des-datenerhebungsdesigns-auf-die-ergebnisse-von-conjoint-analysen

Ralf Winkler

Der Einfluss des Datenerhebungs-designs auf die Ergebnisse von Conjoint-Analysen

Eine empirische Untersuchung am Beispiel des Linienflugmarktes

Diplomarbeit
Universität Mannheim
April 1997

Diplom.de

Diplomica GmbH
Hermannstal 119k
22119 Hamburg

Fon: 040 / 655 99 20
Fax: 040 / 655 99 222

agentur@diplom.de
www.diplom.de

Ralf Winkler
Der Einfluß des Datenerhebungsdesigns auf die Ergebnisse von Conjoint-Analysen
Eine empirische Untersuchung am Beispiel des Linienflugmarktes

ISBN: 978-3-8324-1433-7
Druck Diplomica® GmbH, Hamburg, 2007
Zugl. Universität Mannheim, Mannheim, Deutschland, Diplomarbeit, 1997

INHALTSVERZEICHNIS

ABKÜRZUNGSVERZEICHNIS

AG..............................Aktiengesellschaft

Bd...............................Band

et al.............................et alteri

EU ....Europäische Union

f. ....folgende

ff.................................fortfolgende

GfK ....Gesellschaft für Konsum-, Markt- und Absatzforschung e.V.

Hrsg.............................Herausgeber

IATA..........................International Air Transport Association

Id. ....Idaho

Ill.................................Illinois

Inc. ....Incorporated

Jg................................Jahrgang

Kap.............................Kapitel

Mass...........................Massachussetts

No.. ....Number

Nr. ....Nummer

o. O. ....ohne Ort

o. V. ....ohne Verfasser

OECD ....Organisation for Economic Co-operation and Development

PIMS ....Profit Impact of Market Strategies

ROI.............................Return on Investment

S. ....Seite

SAS ....Scandinavian Airlines

Sp. ....Spalte

SPSS ....Superior Performing Software Systems

TNW ....Teilnutzenwert

Vgl. ....Vergleiche

Vol. ....Volume

vs................................versus

ZFP ....Zeitschrift für Forschung und Praxis

V

DARSTELLUNGSVERZEICHNIS

VI

1

1. ZUR NOTWENDIGKEIT DER BETRACHTUNG DES EINFLUSSES DES DATENERHEBUNGSDESIGNS AUF DIE ERGEBNISSE VON CONJOINT-ANALYSEN

Für die Erreichung unternehmerischer Ziele ist es von herausragender Bedeutung, die Bedürfnisse und Wünsche des Zielmarktes wirksamer und wirtschaftlicher zufriedenzustellen als die Konkurrenz.[1] Um diesen Vorsatz in die Tat umsetzen zu können, bedarf es unter anderem der Ermittlung der Nutzenerwartungen potentieller Kunden.

Ein Verfahren, das diese Zielsetzung verfolgt, ist die Conjoint-Analyse, die seit den 70er Jahren starke Beachtung in Marketing-Theorie und -Praxis findet.[2] Der Grund hierfür ist darin zu sehen, daß die Ergebnisse von Conjoint-Analysen Schlußfolgerungen bezüglich einer sinnvollen Gestaltung des Marketing-Instrumentariums zulassen.[3]

Zwischen 1981 und 1985 wurde die Conjoint-Analyse allein in den USA ungefähr 400 Mal pro Jahr von Marktforschungsinstituten kommerziell genutzt.[4] In Europa hielt diese Methode Mitte der 80er Jahre Einzug. Seitdem wird sie schwerpunktmäßig zum Zweck der Preisgestaltung und Konzeptentwicklung für neue Produkte, aber auch zur Marktsegmentierung, Wettbewerbsanalyse und Repositionierung eingesetzt.[5]

Die einzelnen Ablaufschritte der Conjoint-Analyse können auf vielfältige Weise ausgestaltet werden, was nicht ohne Auswirkungen auf die Ergebnisse bleibt. Verschiedene Studien haben sich unter diesem Aspekt mit Erhebungsdesign-Effekten bei Conjoint-Analysen beschäftigt. Dabei konnten unter anderem ein Positionseffekt von Eigenschaften sowie ein Ausprägungsstufeneffekt nachgewiesen werden. Ersterer besagt, daß die Wichtigkeit, die Probanden einer Eigenschaft beimessen,

---

[1] Vgl. Kotler/Bliemel (1992), S. 24.
[2] Vgl. Green/Rao (1971), S. 355-363. Die Autoren waren nach allgemeiner Auffassung die Ersten, die den von Luce/Tukey in der mathematischen Psychologie entwickelten Ansatz auf den Bereich des Marketing übertrugen. Vgl. auch Luce/Tukey (1964), S. 1-27.
[3] Vgl. Schubert (1995), Sp. 387.
[4] Vgl. Wittink/Cattin (1989), S. 92.
[5] Vgl. Wittink et al. (1994), S. 43f.

2

mit deren Positionierung im Rahmen der Stimulibeschreibung variiert.[6] Gemäß dem Ausprägungsstufeneffekt besteht hingegen eine Tendenz, daß Untersuchungs-teilnehmer Eigenschaften mit vielen Ausprägungen als wichtiger einstufen als solche mit wenigen Ausprägungen.[7]

Im Rahmen der vorliegenden Arbeit wird der Einfluß des Datenerhebungsdesigns auf die Ergebnisse von Conjoint-Analysen untersucht. Es werden drei voneinander unabhängige Conjoint-Analysen durchgeführt, die sich in der Art der Stimulibe-wertung unterscheiden (Rating vs. Ranking vs. Mischform aus Rating/Ranking).[8] Die empirische Studie zielt in erster Linie auf die Methodik ab. Auf inhaltlicher Ebene sollen aber auch mögliche Implikationen, die sich aus den Conjoint-Ergebnissen für die kundenorientierte Gestaltung von Linienflügen ableiten las-sen, nicht vernachlässigt werden.

In **Kapitel 2** wird begründet, inwiefern der Linienflugmarkt als Untersuchungsob-jekt Relevanz besitzt. Neben der historischen Entwicklung der Luftfahrt wird auch die aktuelle Situation auf dem Linienflugmarkt näher betrachtet. Darüber hinaus wird das Augenmerk auf die Kundenorientierung als Erfolgsfaktor im Wettbewerb gerichtet.

Eine Darstellung der Besonderheiten des Dienstleistungsmarktes erfolgt in **Kapi-tel 3**. Zunächst wird auf den Stellenwert von Dienstleistungen[9] in hochentwickel-ten Industrieländern und auf ihr Wesen eingegangen, ehe die Qualität von Dienstleistungen in den Mittelpunkt rückt. Den Abschluß dieses Kapitels - und gleichzeitig die Überleitung zum empirischen Teil dieser Arbeit - bildet die Vor-stellung des SERVQUAL-Ansatzes als Beispiel für ein multiattributives Verfah-ren zur Messung der Dienstleistungsqualität.[10]

---

[6] Vgl. Perrey (1996), S. 107.
[7] Vgl. Currim et al. (1981), S. 72; Wittink et al. (1982), S. 472; Perrey (1996), S. 107.
[8] Eine explizite Beschreibung der in der empirischen Untersuchung verwendeten Stimulibewer-tungsmethoden erfolgt in Kap. 4.2.3.
[9] In Anlehnung an *Meffert/Bruhn* werden die Begriffe *Dienstleistung* und *Service* im Folgen-den synonym verwendet. Vgl. Meffert/Bruhn (1995), S. 27.
[10] Der SERVQUAL-Ansatz verbindet den theoretischen mit dem empirischen Teil dieser Arbeit, da er bei der Festlegung der in die Conjoint-Analyse einzubeziehenden Merkmale Verwen-dung findet. Vgl. hierzu Kap. 4.2.1.

Zu Beginn des **Kapitel 4** werden die Grundzüge des conjoint-analytischen Verfahrens erläutert. Anschließend erfolgt eine Darstellung des im Rahmen der empirischen Studie angewendeten Untersuchungsdesigns. Den zentralen Bestandteil dieses Kapitels bildet die computergestützte Auswertung und Analyse der erhobenen Präferenzdaten mit Hilfe des SPSS-Moduls CATEGORIES.[11] Zunächst werden in einer methodischen Untersuchung die Ergebnisse der drei durchgeführten Conjoint-Analysen sowohl aggregiert als auch segmentspezifisch einem Vergleich unterzogen. Danach wird eine Marktsimulation durchgeführt, in deren Verlauf die Auswirkungen alternativer Maßnahmen auf die simulierten Marktanteile fiktiver Anbieter aufgezeigt werden. Ziel des methodischen Parts ist die Analyse des Einflusses der Datenerhebungsmethode auf die Conjoint-Ergebnisse. Im Anschluß daran erfolgt eine Auswertung unter inhaltlichen Gesichtspunkten, die dazu dienen soll, Hinweise für die kundengerechte Gestaltung von Linienflügen abzuleiten.

In **Kapitel 5** wird abschließend ein zusammenfassendes Resümee der vorliegenden Arbeit gezogen, gefolgt von einem kurzen Ausblick in die Zukunft.

2. DIE RELEVANZ DES LINIENFLUGMARKTES ALS UNTERSUCHUNGSOBJEKT

Um die Relevanz des Linienflugmarktes als Untersuchungsobjekt zu verdeutlichen, werden im Folgenden die historische Entwicklung der Luftfahrt sowie die aktuellen Gegebenheiten auf dem Linienflugmarkt dargestellt. Dies erfolgt ebenso unter besonderer Beachtung der Situation der *Deutschen Lufthansa AG*, wie das Aufzeigen der Bedeutung der Kundenorientierung in einem kompetitiven Umfeld.

---

[11] Zur graphischen Umsetzung der Daten wird das Programm EXCEL 5.0 der Firma *Microsoft* verwendet.

2.1 Die historische Entwicklung der Luftfahrt

Leonardo da Vinci war im 15. Jahrhundert der Erste, der sich auf technisch-wissenschaftliche Weise mit dem Fliegen beschäftigte. Seine Skizzen und Entwürfe galten danach für lange Zeit als verschollen und tauchten erst wieder auf, nachdem vier Jahrhunderte später die Praktiker der Flugtechnik eigene Erkenntnisse gewonnen hatten. Das erste taugliche Fluggerät war der im 18. Jahrhundert entwickelte Heißluftballon. Er sollte es auch mehr als 100 Jahre lang bleiben - allerdings stets mit dem gravierenden Nachteil verbunden, daß man ihn nicht steuern konnte und infolgedessen fahren mußte, wohin man vom Wind getrieben wurde.

Der Engländer *Henson* erhielt im Jahre 1842 das erste Patent für ein Motorflugzeugprojekt. Allerdings schaffte er es nicht, ein Modell des von ihm entworfenen Flugapparates tatsächlich zum Fliegen zu bringen. Als Vorbild für den Flugmaschinenbau gilt gemeinhin der 1876 patentierte Flugapparat von *Pénaud*, der damals aber ebenfalls noch nicht realisiert werden konnte. *Otto Lilienthal* war es schließlich, der mit seinen Gleitflugversuchen die Zeit der wissenschaftlichen Erforschung des Flugproblems und der planmäßigen Entwicklung der Flugtechnik einleitete.[12]

Orville und Wilbur Wright aus dem US-Bundesstaat Ohio gelten als die Pioniere des Motorfluges. Ihnen gelangen 1903 die ersten Flüge von ebenem Boden aus. 1909 zeigten sie die ersten Motorflüge in Deutschland und schafften es dabei, bis zu zwei Stunden in der Luft zu bleiben.[13] Im gleichen Jahr ist auch der erste internationale Flug anzusiedeln: *Louis Blériots* Überquerung des Ärmelkanals von Calais nach Dover. Dies war 18 Jahre vor *Charles Lindberghs* historischer Atlantiküberquerung, für die er damals 36 Stunden benötigte.[14]

Ein Meilenstein der kommerziellen Luftfahrt in Deutschland war die Geburtsstunde der *Deutschen Luft Hansa AG*[15] am 6. Januar 1926. Sie entstand durch den

---

[12] Vgl. Schwipps (1991a), S. 15ff.
[13] Vgl. Schwipps (1991b), S. 31.
[14] Vgl. Sampson (1984), S. 23.
[15] Die Schreibweise wurde erst 1933 in *Deutsche Lufthansa AG* abgeändert.

Zusammenschluß der beiden größten Fluggesellschaften, *Deutsche Aero Lloyd AG* und *Junkers-Luftverkehr AG*, die damals aus wirtschaftlichen Gründen von der Reichsregierung zu einer Fusion gedrängt wurden.

Ende der 20er Jahre beförderte die *Luft Hansa* in Europa mehr Passagiere als alle anderen Fluggesellschaften zusammen.[16] 1939 umfaßte das Streckennetz der *Lufthansa* 108 Ziele auf vier Kontinenten und unter den mehr als 5000 Mitarbeitern befanden sich annähernd 200 Piloten. Mit Beginn des Zweiten Weltkrieges nahm die positive Entwicklung der Luftfahrt in Deutschland ein vorläufiges Ende. Zwar schritt die Flugzeugtechnik in dieser Zeit rasch voran, doch nach 1945 hatten sich die Wettbewerbspositionen der vor dem Krieg in Flugzeugbau und Luftverkehr führenden Nationen nachhaltig verändert.

Der westdeutsche Flugmarkt befand sich nach Kriegsende im Aufschwung, die „neue" *Lufthansa* durfte aber erst 1955 den (inter-)nationalen Flugverkehr wieder aufnehmen.[17] Ab 1958 versuchte sie durch stark verbesserten Service[18] gegenüber der mit wesentlich schnelleren Düsen-Jets ausgestatteten Konkurrenz[19] zu bestehen. 1960 läutete auch die *Lufthansa* auf Langstrecken das Düsenzeitalter ein. Zehn Jahre später endete die Ära der Propellerflugzeuge endgültig, da nun selbst auf Kurzstrecken nur noch Düsenflugzeuge eingesetzt wurden.[20]

Auf vielen Gebieten wurde die *Lufthansa* zum Innovator und Trendsetter: 1966 ging sie an die Börse, 1967 führte sie als weltweit erste Fluggesellschaft ein elektronisches Reservierungssystem ein und 1971 entwickelte sie ein lärmminderndes Anflugverfahren. Der Jumbo-Jet stellte den Beginn des Großraumzeitalters dar und war die Ursache für die Gründung des ATLAS-Verbundes, in dem sich *Lufthansa*, *Air France*, *Alitalia* sowie die belgische Fluggesellschaft *Sabena* zur Ko-

---

[16] Vgl. Sampson (1984), S. 34.
[17] Vgl. Heidan (1991), S. 340ff.
[18] Zum sog. *Senator-Service* gehörten u.a. Betten, Menüs á la carte und eine Bordbar.
[19] Die erste Fluggesellschaft, die Düsenjets auf regulären Langstreckenflügen einsetzte, war 1956 die russische *Aeroflot*. Kurze Zeit danach taten dies auch die Amerikaner, deren Jets aber weitaus mehr Passagiere aufnehmen konnten. Vgl. Sampson (1984), S. 105f.
[20] Einzigartig für eine Fluggesellschaft ihrer Größe war die Tatsache, daß die *Lufthansa* ausschließlich Flugzeuge des Herstellers *Boeing* in Betrieb hatte, was nicht zuletzt in technischer Hinsicht zu einer größtmöglichen Rationalisierung führte. Vgl. hierzu Deutsche Lufthansa AG (1969), S. 5.

6

operation auf dem Gebiet der Wartung und Überholung ihrer Flotten einigten. Da die Großraumflugzeuge mit Geschäftsreisenden alleine nicht mehr zu füllen waren, wurde zunächst ein Sondertarif für Privatreisende eingeführt, ehe die *Lufthansa* 1978 schließlich eine Einteilung in First-, Business- und Tourist-Class beschloß. Fliegen wurde für breite Schichten der Bevölkerung immer selbstverständlicher und Boden- sowie Bordservice rückten in den Mittelpunkt der Aufmerksamkeit.[21]

2.2 Die aktuelle Situation auf dem Linienflugmarkt

1990 machten die ca. 200 IATA-Gesellschaften alleine im internationalen Linienflugverkehr einen Verlust von rund 2,7 Milliarden US-Dollar. Das Folgejahr gestaltete sich keineswegs besser: Erstmals seit Ende des Zweiten Weltkrieges ging der Linienflugverkehr weltweit zurück. Infolgedessen und aufgrund verfehlter Kapazitätspolitik vieler Fluggesellschaften, waren Ende 1991 ungefähr 1.000 Flugzeuge in der Wüste von Arizona „geparkt". Dies entsprach einer ungenutzten Kapazität von annähernd 200.000 Sitzplätzen.[22]

Insgesamt hat die zivile Luftfahrt zwischen 1991 und 1993 Verluste in einer Grössenordnung eingeflogen, welche die kumulierten Gewinne seit dem Erstflug der *Gebrüder Wright* im Jahre 1908 übertraf.[23] Die Verluste addierten sich in diesem relativ kurzen Zeitraum zu einer Gesamtsumme von ca. 12 Milliarden US-Dollar auf. Der Fortbestand renommierter Fluggesellschaften, wie beispielsweise *Air France* und *Iberia*, wäre ohne massive Unterstützung von staatlicher Seite äußerst fraglich gewesen.[24]

---

[21] Auch Privatreisenden wurde nun vegetarisches Essen, Video-Bordunterhaltung, Kinderbetreuung, Kaffee am Flugsteig u.v.m. angeboten. Vgl. Heidan (1991), S. 344f.
[22] Vgl. Meier (1992), S. 124ff. Die Kapazitätspolitik der Fluggesellschaften gestaltet sich v.a. deshalb schwierig, weil i.d.R. einige Jahre vergehen, bis bestellte Flugzeuge von den Herstellern ausgeliefert werden.
[23] Vgl. Klein (1995), S. 369.
[24] Vgl. Seristö (1995), S. 10.

Seit 1994 hat sich die Lage auf dem Flugreisemarkt wieder entspannt, was folgende Fakten belegen:

- 1994 stieg der grenzüberschreitende Luftverkehr aus bzw. nach Deutschland im Vergleich zu 1993 um 9,7% auf 67,5 Millionen Passagiere.[25]
- Im Sommer 1995 erreichten europäische Fluggesellschaften auf Transatlantikflügen eine Rekordauslastung von 85% des Sitzplatzangebots.[26]
- Trotz stark gestiegener Treibstoffkosten erwarteten die 254 IATA-Gesellschaften für 1996 Rekordgewinne in Höhe von 5,5 Milliarden US-Dollar.[27]

British Airways war 1990 die größte internationale Fluggesellschaft, verkaufte aber nur 54% der Passagierkilometer der weltgrößten Luftfahrtgesellschaft, *American Airlines*.[28] Dies ist ein Indiz für die enorme Bedeutung des nordamerikanischen Marktes. Um sich Zutritt zu diesem Markt zu verschaffen, beteiligte sich *British Airways* 1992 an *USAir*. Durch die gleichzeitige Beteiligung an der australischen Airline *Qantas* konnte *British Airways* als erste Fluggesellschaft den Kunden ein globales Netz offerieren.[29] Seitdem entstehen weltweit immer mehr Netze kooperierender Airlines.

Die *Lufthansa* beispielsweise fand mit *Thai Airways* einen starken Partner in Asien. Darüber hinaus kooperiert sie mit der skandinavischen *SAS*, *South African Airways*, der südamerikanischen *Varig* sowie *Air Canada*. Hauptglied der zur Zeit größten Allianz im Luftverkehr ist *United Airlines*, die 1995 in Zusammenarbeit mit der *Lufthansa* täglich 400 Flüge zu 87 Zielen unter einheitlicher Flugnummer anbot. Dieses System des *Code Sharing* ermöglicht es der *Lufthansa*, inneramerikanische Flüge in Deutschland unter eigenem Namen zu verkaufen, obwohl sie von *United Airlines* durchgeführt werden.[30]

---

[25] Vgl. Fischer (1995), S. 618.
[26] Vgl. o.V. (1995a), S. 23.
[27] Vgl. o.V. (1996a), S. 6.
[28] Vgl. Johnson (1993), S. 214.
[29] Vgl. Kowalewsky (1995), S. 44f.
[30] Vgl. Deutsche Lufthansa AG (1996), S. 24f. Durch *Code Sharing* können mit nur einem Ticket auch kleinere Flughäfen im Ausland erreicht werden. Im Hinblick auf die Kundenzufriedenheit ist es jedoch nicht unproblematisch: Die Passagiere müssen Zwischenlandungen in Kauf nehmen, das Gepäck muß auf dem ersten US-amerikanischen Flughafen persönlich durch den Zoll geschleust werden und der Service auf inneramerikanischen Flügen entspricht nicht dem *Lufthansa*-Standard. Darüber hinaus ist unklar, wer die Verantwortung für Unglücksfälle, verlo-

Das Jahr 1995 markierte für die *Lufthansa AG* einen Neubeginn als reine Passagier-Linienfluggesellschaft. Die Bereiche Fracht, Technik und Informatik wurden konzernintern ausgegliedert und als operativ selbständige Unternehmen mit eigener Ergebnisverantwortung ausgestattet. Gleich im ersten Geschäftsjahr nach dieser Umstrukturierung wurden annähernd 340.000 Flüge durchgeführt, mit 32 Millionen Passagieren mehr als jemals zuvor transportiert und ein bis dato unerreichter Sitzladefaktor von knapp 70% erzielt.[31] 1996 erzielte die *Lufthansa* annähernd 60% ihrer Umsatzerlöse in Europa - das größte Wachstumspotential liegt aber beim Flugverkehr nach Asien und Afrika, der im selben Jahr bereits ein Fünftel zum Gesamterlös beisteuerte.[32]

Eine weitere Herausforderung erwartet die *Lufthansa AG* Ende 1997. Zu diesem Termin plant die Bundesregierung, im Zuge einer vollständigen Privatisierung die von ihr gehaltenen 35,7% der Aktien über die Börse an private Anleger zu verkaufen. Dadurch soll sich die *Lufthansa* zu einem von staatlichen Eingriffen freien, wettbewerbsorientierten „global player" auf dem internationalen Luftverkehrsmarkt entwickeln.[33]

Zusammenfassend kann konstatiert werden, daß die Rezession der Jahre 1990 bis 1993 überwunden zu sein scheint. Der Linienflugmarkt ist vielmehr durch Wachstum, große Konkurrenz[34] und Kooperationstendenzen gekennzeichnet. Ein weiteres Merkmal, das den Linienflugmarkt charakterisiert, ist die zunehmende Kundenorientierung, auf die in Kapitel 2.3 näher eingegangen wird.

---

renes Gepäck sowie verpaßte Anschlußflüge trägt. Vgl. Kreß/Schweizer (1994), S. 87f.; Rickens (1997), S. X.
[31] Vgl. Deutsche Lufthansa AG (1996), S. 16.
[32] Vgl. o.V. (1997f), S. 3.
[33] Vgl. o.V. (1996b), S. 4; o.V. (1997a), S. 5.
[34] Eine erhebliche Verschärfung der Konkurrenzsituation trat im April 1997 ein, als der europäische Luftverkehrsmarkt völlig liberalisiert wurde. Alle innerhalb der EU beheimateten Airlines haben seitdem Zugang zu sämtlichen Inlandsmärkten. Der *Lufthansa* bietet sich dadurch die Chance, beispielsweise die Strecke Paris-Marseille zu fliegen. Gleichzeitig könnte mit der *Air France* auf der Strecke München-Hamburg jedoch ein neuer Konkurrent erwachsen. Vgl. o.V. (1997d), S. 6; Nicolai (1997), S. 4.

9

2.3 Die kundenorientierte Gestaltung von Linienflügen als Erfolgsfaktor in einem kompetitiven Umfeld

Um sich langfristig erfolgreich im Markt behaupten zu können, ist es erforderlich, alle Unternehmensfunktionen am Kundennutzen auszurichten. Es müssen komparative Konkurrenzvorteile angestrebt werden, d.h. das eigene Angebot ist so zu gestalten, daß es aus Sicht der Kunden deren Bedürfnisse besser befriedigt als die Produkte der Konkurrenz.[35]

Darstellung 1: Marktforschung im strategischen Dreieck
Quelle: in Anlehnung an Wöhler (1992), S. 107.

Darstellung 1 veranschaulicht die Bedeutung der Marktforschung. Diese liefert Informationen, die dazu dienen, Wettbewerbsvorteile zu identifizieren bzw. Ansatzpunkte zu finden, um solche Vorteile aufbauen zu können.[36] Der Markterfolg einer Fluggesellschaft wird nicht ausschließlich durch den Akt der Personenbeförderung zum gewünschten Zielort determiniert. Wettbewerbsvorteile können vielmehr dadurch erlangt werden, daß sich Fluggesellschaften durch die Gestaltung zahlreicher Leistungskomponenten nachhaltig auf positive Weise von der Konkurrenz abheben.[37]

---

[35] Vgl. Backhaus/Weiber (1989), S. 2f. Die Konkurrenzorientierung wird anhand der Preisgestaltung der *Lufthansa* deutlich. Diese wurde im Januar 1997 abgemahnt, da sie nach Ansicht des Bundeskartellamtes für die exklusiv von ihr angebotene Strecke Frankfurt/Main-Berlin im Vergleich zu anderen Strecken um 25% erhöhte Flugpreise verlangte. Vgl. o.V. (1997b), S. 10. Im Februar dieses Jahres wurde der *Lufthansa* das Berechnen der überhöhten Flugtarife ausdrücklich untersagt, weshalb sie nun erwägt, auf eine gerichtliche Klärung des Sachverhaltes zu drängen. Vgl. hierzu o.V. (1997e), S. 5.
[36] Vgl. Mundt (1993), S. 332f. Instrumentarien zum Aufbau von Präferenzen und Wettbewerbsvorteilen sind Preis-, Produkt-/Sortiments-, Distributions- und Kommunikationspolitik.
[37] Dazu zählen u.a. Art und Alter der Flugzeuge, Flugplan und -zeit sowie Service vor, während und nach dem Flug. Vgl. Sterzenbach (1996), S. 197ff.

10

In der Praxis ist die Bedeutung der Kundenorientierung bei den meisten Fluggesellschaften offensichtlich:

British Airways hatte Anfang der 80er Jahre den Ruf, die schlechteste Luftfahrtgesellschaft der Welt zu sein. Daraufhin startete sie eine Service-Offensive und erhielt schließlich 1994 die Auszeichnung „The World Leading Airline".[38] Danach
hat sich *British Airways* weiterhin bemüht, neue Maßstäbe zu setzen. Dazu zählen
unter anderem erhöhter Sitzabstand, flexible Mahlzeiten, interaktive Bordunterhaltung, Einkaufsmöglichkeiten per Bildschirm, Bordtelefon, persönliche Sicher-
heitshinweise anstelle von Filmen und schnellere Bodenabfertigung.[39]

Bei *United Airlines* gelten vorschriftsmäßig gewartete Flugzeuge, zuverlässiger
Service und wettbewerbsfähige Preise als Selbstverständlichkeit. Darüber hinaus
wurden auf Basis von Kundenbefragungen verschiedene Prinzipien entwickelt, die
als Leitfaden bei der Verbesserung der Service-Leistungen dienen sollen. Im Falle
von Komplikationen hat die umgehende und vollständige Information der Kunden
oberste Priorität. Interne Teams - bestehend aus Kundendienstmitarbeitern, Flug-
begleitern und Piloten - sind mit allen nötigen Befugnissen ausgestattet, um et-
waige Probleme schnell und gezielt lösen zu können. Mit Hilfe eines neu
entwickelten Computersystems soll es den Kunden ermöglicht werden, die Planung der Flüge an ihren individuellen Terminkalendern auszurichten. Im Rahmen
der Mitarbeiterausbildung wird größter Wert auf Freundlichkeit, Aufmerksamkeit
und Hilfsbereitschaft gelegt. Weitere Ziele, die im Sinne der Kunden in Angriff
genommen werden, sind der Ausbau des Streckennetzes sowie die Verbesserung
des Sitzkomforts, der Bordunterhaltung und der Qualität der Mahlzeiten.[40]

Auch die *Lufthansa* hat erkannt, daß sich die Dienste einer Fluggesellschaft nicht
ausschließlich auf das Fliegen beschränken. Fliegerische Kompetenz und maximale Sicherheit sind Routinekomponenten, die von einem Großteil der Kunden still-

---

[38] Vgl. Kowalewsky (1995), S. 44.
[39] Die konkrete Ausgestaltung dieser Komponenten variiert in Abhängigkeit von der Flugdauer
und der gebuchten Klasse. Vgl. Vogel (1995), S. 6.
[40] Vgl. United Airlines (1996), S. 1ff.

schweigend vorausgesetzt werden.[41] Letztlich ist es die Gestaltung von Boden-
und Bordservice, die es einer Fluggesellschaft ermöglicht, ein individuelles Profil
zu entwickeln und sich von der Konkurrenz abzuheben.[42] Als die *Lufthansa* im
Jahre 1994 bei einem Service-Vergleich in der Business Class unter 48 getesteten
internationalen Airlines keinen Platz im oberen Drittel belegen konnte, wurde der
Service gezielt verbessert, wobei man sich vorrangig auf die Bodenabläufe kon-
zentrierte.[43]

Die Orientierung an Kundenwünschen hatte in der jüngeren Vergangenheit einige
Auswirkungen auf den Linienflugmarkt. 1987 entwickelte sich ein Trend weg von
Flügen mit möglichst vielen Zwischenlandungen zur Aufnahme von Passagieren
hin zu Non-Stop-Flügen. Je nach Flugdauer wird dabei das *multiple crew-System*
eingesetzt.[44] Seit Juli 1995 sucht die *Lufthansa* nach dem Vorbild anderer Fluggesellschaften mit Gratistickets und -übernachtungen bei überbuchten Flügen nach
rücktrittswilligen Passagieren. Noch ein Jahr zuvor wurden Bordkarten ausgeteilt,
bis die betreffende Maschine voll war. Dies führte nicht selten dazu, daß Fluggästen trotz reservierter Tickets der Zugang zum Flugzeug verwehrt blieb.[45] Seit
Oktober 1995 bietet die *Lufthansa* alle innerdeutschen Flüge rauchfrei an, da Um-
fragen gezeigt haben, daß dies von der Mehrzahl der Passagiere gewünscht wird.[46]
Gleiches gilt für die Wiedereinführung des Gate-Buffets.[47] Weitere Anstrengun-
gen, die mit dem Ziel unternommen werden, das Produkt Linienflug auf die Kun-
denbedürfnisse abzustimmen, betreffen die Beschleunigung des Eincheckens
sowie des Einsteigevorgangs.[48] Das Bemühen von Fluggesellschaften, auch Rand-
gruppen im Rahmen der Servicegestaltung zu berücksichtigen, zeigt das Beispiel

---

[41] Dies ist durchaus berechtigt, denn seit 1970 sind die Todesfälle im Weltlinienflugverkehr je
100 Passagierkilometer kontinuierlich gesunken. 1991 betrugen sie mit 0,03 nur noch 1/6 des
Wertes von 1970. Insgesamt endete zwischen 1959 und 1986 einer von 549.000 Flügen mit
einem Totalschaden, wobei selbst in diesem Fall noch eine Überlebenschance von 43% bestand. Vgl. Deutsche Lufthansa AG (1992), S. 287; Heidepeter (1989), S. 10.
[42] Vgl. Claasen (1991), S. 121.
[43] Vgl. Kreß (1994), S. 86.
[44] Um nicht gegen arbeitsrechtliche Vorschriften zu verstoßen sowie aus Sicherheitsgründen,
wird i.R.d. Systems die gesamte Besatzung während des Fluges ausgewechselt. Vgl. Braunburg
(1991), S. 90.
[45] Allein im Jahr 1994 mußten ca. 27.000 Passagiere am Boden bleiben. Vgl. Kanzler (1995),
S. 69.
[46] Vgl. Deutsche Lufthansa AG (1996), S. 22.
[47] Vgl. o.V. (1995b), S. 16.
[48] Vgl. o.V. (1995c), S. 146.

Cathay Pacific: Die Fluggesellschaft der britischen Kronkolonie Hongkong bietet bei bestimmten Flügen die englischsprachige Bordzeitung auch in Blindenschrift an.[49]

Viele Fluggesellschaften betonen in ihren Unternehmensgrundsätzen ausdrücklich das Bestreben, maximale Kundenzufriedenheit durch perfekten Service erreichen zu wollen. Interessanterweise scheint jedoch zwischen Anspruch und Wirklichkeit eine beträchtliche Lücke zu klaffen. So waren in einer 1990 in den USA durchgeführten Erhebung nur 11% der befragten Kunden der Ansicht, daß der von Airlines angebotene Service in einem Verbesserungsprozeß begriffen ist, während 36% die gegenteilige Meinung vertraten.[50]

Die bisherigen Ausführungen haben deutlich werden lassen, welchen Stellenwert Kunden- und Konkurrenzorientierung im Rahmen der Linienfluggestaltung besitzen. Für die konkurrierenden Fluggesellschaften kommt es darauf an, das Kernprodukt Linienflug und sämtliche damit verbundenen Nebenleistungen optimal an die Kundenerwartungen anzupassen. Zur Umsetzung dieses Vorhaben ist es erforderlich, festzustellen, auf welche Komponenten potentielle Flugkunden den größten Wert legen und welche Leistungen aus ihrer Sicht eine geringere Rolle spielen.

Nicht immer müssen große Investitionen getätigt werden, um einen komparativen Konkurrenzvorteil aufzubauen. Unter Umständen kann sich die Umgestaltung einer Nebenleistung, die aus Sicht der Fluggesellschaft als relativ unbedeutend eingestuft wird, entscheidend auf die Produktwahrnehmung und Präferenzbildung der Kunden auswirken. Die Relevanz des Linienflugmarktes als Objekt der empirischen Untersuchung dieser Arbeit ergibt sich letztlich aus der Tatsache, daß die Conjoint-Analyse in diesem Zusammenhang wertvolle Informationen für das Marketingmanagement zutage fördern kann.

---

[49] Vgl. o.V. (1997c), S. VII.
[50] Vgl. o.V. (1990), S. B1.

3. DIE BESONDERHEITEN DES DIENSTLEISTUNGSMARKTES

Bei dem Produkt Linienflug, das im Zentrum der empirischen Studie dieser Arbeit steht, handelt es sich nicht um eine Sach-, sondern um eine Dienstleistung. Im Folgenden werden daher die Besonderheiten des Dienstleistungsmarktes betrachtet, die für die Gestaltung des Marketing von großer Bedeutung sind.[51]

3.1 Der Stellenwert von Dienstleistungen

Der bekannteste Ansatz zur Abbildung der volkswirtschaftlichen Struktur eines Landes ist die Drei-Sektoren-Theorie. Die amtliche Statistik der Bundesrepublik Deutschland rechnet die Bereiche Handel, Verkehr und Nachrichten, Kreditinstitute und Versicherungen, Dienstleistungen von Unternehmen und freien Berufen, Organisationen ohne Erwerbscharakter und private Haushalte sowie Gebietskörperschaften und Sozialversicherung dem tertiären Sektor zu. Aufgrunddessen wird dieser auch als *Dienstleistungssektor* bezeichnet. Indikatoren für den Stellenwert des tertiären Sektors sind die Entwicklung der Bruttowertschöpfung sowie der Beschäftigtenzahlen.[52]

In der Literatur ist die Sektorengliederung nicht unumstritten.[53] Dennoch wird sie häufig herangezogen um die Entwicklung zahlreicher Industrieländer in Richtung Dienstleistungsgesellschaft zu belegen.[54] 1993 wurden in der Bundesrepublik Deutschland 63% der Bruttowertschöpfung im tertiären Sektor erwirtschaftet - 1960 lag dieser Anteil noch bei 41%.[55] Einen ähnlichen Verlauf nahm die Beschäftigtenentwicklung: 1960 waren in der Bundesrepublik Deutschland 38% der Erwerbstätigen im tertiären Sektor beschäftigt. 20 Jahre später betrug dieser Anteil

---

[51] Beim Dienstleistungsmarketing sind u.a. neben den „klassischen" Elementen des Marketing-Mix (product, price, place, promotion) mit personnel, physical evidence und process drei weitere Komponenten zu berücksichtigen. Vgl. Zeithaml/Bitner (1996), S. 26f. und Booms/Bitner (1981), S. 48f.
[52] Vgl. Corsten (1990), S. 2ff.
[53] Vgl. u.a. Meyer/Meyer (1990), S. 126f.; Albach (1989), S. 32ff.; Schwenker (1989), S. 51ff.; Maleri (1994), S. 16ff.
[54] Vgl. Buttler/Stegner (1990), S. 931; Meyer (1991), S. 196.
[55] Vgl. Statistisches Bundesamt (1996), S. 645f.

14

bereits 51% und bis zum Jahre 1995 stieg er auf 61%.[56] Beide Indikatoren unterstützen die These, daß der Agrarsektor zur Bedeutungslosigkeit schrumpft und die Dominanz der industriellen Warenproduktion abnimmt.[57] Stattdessen erweisen sich Dienstleistungen immer mehr als eine bedeutende Quelle des wirtschaftlichen Wachstums.[58]

Dieses Phänomen ist nicht auf die Bundesrepublik Deutschland beschränkt, sondern tritt in zahlreichen Industrieländern zutage. In den USA beispielsweise wurden zwischen 1960 und 1985 40 Millionen Arbeitsplätze geschaffen - rund 90% davon im Dienstleistungsgewerbe.[59] Zur Zeit sind in den Vereinigten Staaten fast drei Viertel aller Erwerbstätigen in diesem Gewerbe beschäftigt.[60] Prognosen zufolge wird sich diese Zahl noch erhöhen, denn zwischen 1992 und 2005 sollen weitere 24 Millionen Arbeitsplätze entstehen - schwerpunktmäßig im Dienstleistungsbereich.[61]

Ein zunehmendes Engagement von Dienstleistungsunternehmen ist nicht nur innerhalb einzelner Industrienationen zu beobachten, sondern auch über Ländergrenzen hinweg. 1990 betrug der Anteil von Direktinvestitionen im Dienstleistungssektor an den gesamten Auslandsinvestitionen der Bundesrepublik Deutschland bereits 51,6%, nachdem er im Jahre 1966 noch bei 10% gelegen hatte.[62]

1963 hat *Regan* den Begriff der Dienstleistungs-Revolution geprägt[63], der noch immer geeignet zu sein scheint, die aktuellen Entwicklungen zu charakterisieren. Dennoch hat sich die Marketing-Wissenschaft lange Zeit nur peripher mit dem

---

[56] 1995 standen knapp 11 Mio. Erwerbstätigen im primären und sekundären Sektor 17,5 Mio. Erwerbstätige im tertiären Sektor gegenüber. Vgl. Statistisches Bundesamt (1996), S. 106f.
[57] Vgl. Buttler/Stegner (1990), S. 931.
[58] Vgl. Bauer/Müller (1992), S. 112. Diese Entwicklung von Agrar- über Industrie- hin zu Dienstleistungsgesellschaften hat *Fourastié* bereits 1954 prognostiziert. Vgl. Fourastié (1954), S. 272.
[59] Vgl. Ochel/Schreyer (1988), S. 18.
[60] Vgl. Saugal/Student (1993), S. 24.
[61] Vgl. Stevens/Michalski (1994), S. 11. Nach Meinung von *Wolf-Doettinchem et al.* birgt der Dienstleistungssektor auch in Deutschland ein enormes ungenutztes Arbeitsplatzpotential. Vgl. hierzu Wolf-Doettinchem et al. (1995), S. 14ff.
[62] Vgl. Perlitz (1995), S. 378.
[63] Vgl. Regan (1963), S. 57.

Dienstleistungsbereich beschäftigt.[64] Seit Beginn der 80er Jahre gewinnen Dienstleistungen aber auch in der betriebswirtschaftlichen Literatur zunehmend an Beachtung. Mittlerweile ergänzt das Dienstleistungsmarketing als eigenständige Theoriekonzeption das Konsum- und Investitionsgütermarketing. Selbst zum gegenwärtigen Zeitpunkt erweist sich jedoch die Heterogenität von Dienstleistungen nach wie vor als Hindernis, da sie eine einheitliche Definition und Abgrenzung erschwert.[65]

3.2 Das Wesen von Dienstleistungen

Trotz zahlreicher Versuche ist es der Wissenschaft bis dato noch nicht gelungen, eine allgemein anerkannte und für die notwendige Trennschärfe sorgende Definition des Dienstleistungsbegriffes zu erarbeiten.[66] Im Rahmen dieser Arbeit werden deshalb zunächst mögliche Merkmale von Dienstleistungen dargestellt, ehe in Anlehnung an *Mengen* aus den verschiedenen Dienstleistungsphasen diejenigen Merkmale abgeleitet werden, die als konstitutiv bzw. wesensbegründend eingestuft werden können.

3.2.1 Merkmale von Dienstleistungen

Um eine Abgrenzung zu anderen Gütern vornehmen zu können, werden in der Literatur am häufigsten Intangibilität und Integration eines externen Faktors als Merkmale von Dienstleistungen genannt. Intangibilität (bzw. Immaterialität) besagt, daß eine Dienstleistung nicht physisch präsent ist.[67] Eng damit verbunden ist das Merkmal der Nichtlagerfähigkeit.[68] Mit der Integration eines externen Faktors wird der Umstand erfaßt, daß die Erstellung einer Dienstleistung nur unter Mitwirkung des Kunden möglich ist. Externe Faktoren können dabei Subjekte (z.B.

---

[64] Vgl. Meyer (1991), S. 195.
[65] Vgl. Bauer/Müller (1992), S. 112ff.
[66] Vgl. Engelhardt et al. (1993), S. 404; Falk (1980), S. 11; Hilke (1989), S. 10.
[67] Vgl. Stauss/Hentschel (1991), S. 238; Meffert (1995), Sp. 455f.
[68] Diese bezieht sich nur auf die Dienstleistung selbst, nicht aber auf das Dienstleistungsergebnis, das je nach Art der Dienstleistung durchaus gelagert werden kann. Vgl. Meffert/Bruhn (1995), S. 62.

16

der Kunde selbst), Objekte (z.B. Sachgüter des Kunden) oder Informationen sein, die zeitlich begrenzt in den Verfügungsbereich des Anbieters gebracht und durch Kombination mit internen Produktionsfaktoren be- bzw. verarbeitet werden.[69]

Weitere Dienstleistungsmerkmale, die in der Literatur oftmals aufgeführt werden, sind Simultanität von Produktion, Absatz und Verbrauch, Nichttransportfähigkeit, Individualität bzw. mangelnde Standardisierung sowie das Fehlen einer Eigentumsübertragung.[70]

Ohne weitere Differenzierung sind die genannten Merkmale nicht tauglich, Dienstleistungen in ausreichendem Maße zu charakterisieren. Aufgrunddessen erscheint eine Betrachtung der verschiedenen Phasen von Dienstleistungen sinnvoll, um daraus deren konstitutiven Merkmale abzuleiten.[71]

3.2.2 Dienstleistungsphasen

In der Literatur wird im allgemeinen zwischen drei Dienstleistungsphasen unterschieden: Potential-, Prozeß- und Ergebnisphase.[72] *Mengen* nennt zusätzlich noch eine Nutzenphase.[73]

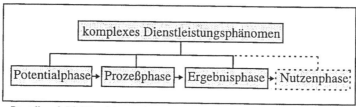

Darstellung 2: Die Dienstleistungsphasen
Quelle: in Anlehnung an Meyer (1991), S. 197.

---

[69] Vgl. Bauer (1995), S. 45.
[70] Vgl. Rosada (1990), S. 17f.; Pepels (1995), S. 21.
[71] Vgl. Mengen (1993), S. 13.
[72] Vgl. Hilke (1984), S. 17f.
[73] Vgl. hierzu und zum Folgenden Mengen (1993), S. 14ff.

Im Mittelpunkt der **Potentialphase** stehen Leistungsfähigkeit und -bereitschaft (=Potential) des Dienstleistungsanbieters. Unter Ersterer versteht man z.B. das notwendige Fachwissen eines Arztes oder die körperlichen Voraussetzungen, über die ein Akrobat verfügen muß. Die Leistungsbereitschaft hingegen bezieht sich darauf, daß die Dienstleistung zu dem Zeitpunkt, an dem Nachfrage besteht, in der gewünschten Form angeboten wird.[74] Unabhängig davon, ob ein Unternehmen Sach- oder Dienstleistungen erstellt, ist das dazu notwendige Potential stets immateriell.[75] Bei Dienstleistungsunternehmen ist dieses Potential gleichzeitig mit dem Angebot an den Kunden identisch. Einem Kaufinteressenten wird folglich keine materielle Ware, sondern nur ein immaterielles Leistungsversprechen angeboten.

Die **Prozeßphase** kann erst dann beginnen, wenn sich ein Kunde dazu entschieden hat, das angebotene Potential nachzufragen.[76] Dienstleistungserstellung und (erstmalige) Inanspruchnahme erfolgen gemäß dem *uno-actu-Prinzip* simultan.[77] Dabei wird das Potential des Dienstleistungsanbieters mit einem externen Faktor kombiniert, der nicht autonom disponiert werden kann.[78] Ohne diese Integration des externen Faktors kann keine Dienstleistungsproduktion stattfinden.[79]

Das unmittelbare Ergebnis als Gegenstand der Betrachtung der **Ergebnisphase** ist bei Sachleistungen immer materiell. Bei Dienstleistungen kann es immateriellen (z.B. Wissenszuwachs infolge einer Weiterbildungsmaßnahme) oder materiellen Charakter haben.[80] Letzeres ist dann der Fall, wenn das Ergebnis sinnlich wahrnehmbar ist (z.B. neue Haarfarbe nach Friseurbesuch).

---

[74] Vgl. Scheuch (1982), S. 19; Hilke (1989), S. 10f.
[75] Vgl. Meyer (1990), S. 183.
[76] Vgl. Oppermann/Schubert (1994), S.24.
[77] Vgl. Garhammer (1988), S. 72; Hilke (1989), S. 12f.; Corsten (1988), S. 82.
[78] Vgl. Garhammer (1988), S. 73.
[79] Eine Linienfluggesellschaft beispielsweise kombiniert ihre Fähigkeit und Bereitschaft, einen Flug durchzuführen, mit dem externen Faktor „Passagier". Ist niemand daran interessiert, einen Flug in Anspruch zu nehmen, kann seitens der Fluggesellschaft auch keine entsprechende Dienstleistung erbracht werden.
[80] Auf den ersten Blick scheinen einige Autoren dieser Auffassung zu widersprechen. *Hilke* und *Corsten* beispielsweise bezeichnen Ergebnisse von Dienstleistungen stets als immateriell. Vgl. Hilke (1989), S. 14f.; Corsten (1988), S. 82. Dies ist allerdings nur deshalb der Fall, weil sie nicht zwischen Ergebnis- und Nutzenphase unterscheiden - sinngemäß gehen beide mit *Mengen* konform.

In der **Nutzenphase** steht die Wirkung im Vordergrund. Sie ist sowohl bei Sach- als auch bei Dienstleistungen immateriell. Während bei Sachleistungen der Nutzen stets aus der Ergebnisphase resultiert, kann er bei Dienstleistungen auch aus der Prozeßphase entstammen. Je nachdem, auf welche Phase der Nutzen vorrangig zurückzuführen ist, liegt eine ergebnis- oder prozeßorientierte Dienstleistung vor.[81]

Zusammenfassend sind es die folgenden vier konstitutiven Merkmale von Dienstleistungen, die *Mengen* aus der Phasenbetrachtung ableitet[82]:

- ❶ Angebot eines nur immateriellen Leistungsversprechens
- ❷ Notwendigkeit der Integration eines externen Faktors
- ❸ Möglichkeit eines materiellen und/oder immateriellen Ergebnisses
- ❹ Prozeß und/oder Ergebnis als nutzenstiftende Komponente

Aufgrund ihres besonderen Wesens ergeben sich weitreichende Konsequenzen für das Marketing von Dienstleistungen. Diese näher zu betrachten, würde jedoch über den Rahmen der vorliegenden Arbeit hinausgehen, weshalb an dieser Stelle auf die gängige Literatur verwiesen wird.[83]

3.3 Die Qualität von Dienstleistungen

3.3.1 Definition der Dienstleistungsqualität

Meffert/Bruhn definieren Dienstleistungsqualität als „...die Fähigkeit eines Anbieters, die Beschaffenheit einer primär intangiblen und der Kundenbeteiligung bedürfenden Leistung aufgrund von Kundenerwartungen auf einem bestimmten Anforderungsniveau zu erstellen".[84]

---

[81] Vgl. Corsten (1985), S. 86. Ein Beispiel zur Veranschaulichung: Wer sich einen Film im Kino ansieht, zieht den Nutzen hauptsächlich aus dem Prozeß, während bei einem Friseurbesuch in erster Linie das Ergebnis für den Nutzen verantwortlich ist.
[82] Vgl. Mengen (1993), S. 15.
[83] Vgl. hierzu Meffert (1995), Sp. 458ff.; Meyer (1991), S. 199f.; Staffelbach (1988), S. 278ff.; Engelhardt et al. (1993), S. 418ff.; Zeithaml/Bitner (1996), S. 18ff.; Hilke (1989), S. 16ff.
[84] Meffert/Bruhn (1995), S. 199.

Die Definition von *Meffert/Bruhn* wurde aus der Summe der existierenden Quali-
tätsbegriffe gebildet, die im Folgenden kurz erläutert werden. Da in der Literatur
mehrere begriffliche Auffassungen von Dienstleistungsqualität existieren, ist es
unumgänglich, auch deren Dimensionen zu betrachten. Dies geschieht in
Kapitel 3.3.1.2.

3.3.1.1 Qualitätsbegriff

Analog zum Begriff der Dienstleistung existiert in der Betriebswirtschaftslehre
auch keine eindeutige und allgemein akzeptierte Begriffsdefinition für die Qualität.[85] In der Literatur finden im Rahmen der Qualitätsbeurteilung fünf verschiedene Auffassungen Verwendung.[86]

Beim **absoluten bzw. transzendenten Qualitätsbegriff** werden Sach-/Dienst-
leistungen entsprechend dem subjektiven Geschmacksempfinden in Kategorien
eingeteilt. Diese Auffassung entspricht dem umgangssprachlichen Verständnis
von Qualität und kommt vor allem dann zur Anwendung, wenn eine Qualitätsfüh-
rerschaftsstrategie verfolgt wird und das eigene Angebot als überlegen dargestellt
werden soll (Bsp.: „Hotel x - Das beste Haus am Platze").

Beim **produktorientierten Qualitätsbegriff** werden Sach-/Dienstleistungen nach
objektiven Kriterien beurteilt, wobei sich die Qualität aus der Summe der einzelnen Eigenschaften ergibt. Die Wahl dieses Ansatzes ist sinnvoll, wenn Qualitätsmerkmale identifiziert und anzustrebende Niveaus geplant werden sollen.

Der **kundenorientierte Qualitätsbegriff** geht nicht von der Sach-/Dienstleistung,
sondern vom Kunden aus. Qualität wird mit der Qualitätswahrnehmung durch den
Kunden gleichgesetzt - der Beurteilung liegen folglich subjektive Kriterien zugrunde. Als Leistung mit der höchsten Qualität gilt diejenige, welche die Bedürfnisse des Kunden am besten befriedigt. Zwei Faktoren spielen bei der

---

[85] Vgl. Benkenstein (1993), S. 1099.
[86] Vgl. zum Folgenden Garvin (1984), S. 25ff.; Meffert/Bruhn (1995), S. 198f.; Stauss/Hentschel
(1991), S. 238f.; Haedrich (1995), Sp. 2205ff.; Oess (1993), S. 31ff.

20

Qualitätswahrnehmung eine besondere Rolle: Das *Image des Dienstleistungsan-bieters* und der *Preis der Dienstleistung*. Ersteres wirkt wie ein Filter - so kann beispielsweise ein gutes Image bis zu einem bestimmten Punkt Anzeichen negativer Dienstleistungsqualität kompensieren. Bei einem schlechten Image hingegen genügt schon das Vorhandensein geringfügiger Qualitätsmängel, um beim Kunden Unzufriedenheit auszulösen. Die Bedeutung des Preises ergibt sich aus der Intangibilität von Dienstleistungen, aufgrund derer er im Vorfeld der Kaufentscheidung häufig als Qualitätsindikator herangezogen wird. Im allgemeinen gilt in diesem Zusammenhang: Je höher der Preis, desto höher ist auch die erwartete Dienstleistungsqualität - zumindest solange sich der Preis innerhalb einer als angemessen betrachteten Bandbreite bewegt.[87].

Gemäß dem **herstellerorientierten bzw. funktionalen Qualitätsbegriff** liegt Qualität dann vor, wenn bestimmte gebrauchstechnische Standards eingehalten werden. Dabei kann es sich sowohl um objektive Sollvorgaben als auch um subjektive Indikatoren handeln.

Beim **wertorientierten bzw. relativen Qualitätsbegriff** beurteilt der Kunde die Angemessenheit des Preis-Leistungs-Verhältnisses. Diejenige Sach-/Dienstleistung, deren Preis als am relativ günstigsten angesehen wird, verkörpert dabei die beste Qualität.

Sowohl das *Deutsche Institut für Normung e.V.* als auch die *Deutsche Gesellschaft für Qualität e.V.* haben eine Definition für den Begriff der Qualität entworfen.[88] Beide zielen darauf ab, daß Qualität dann gegeben ist, wenn eine Sach- oder Dienstleistung bestimmten Anforderungen genügt. Offen bleibt in diesem Zusammenhang, wer die zu erfüllenden Anforderungen festlegt. Gemäß *Bruhn* sind dies in erster Linie die Kunden. Da Qualität dazu dienen soll, einen komparativen Konkurrenzvorteil zu erlangen, stellt aber auch der Wettbewerb gewisse Anforde-

[87] Vgl. Zeithaml/Bitner (1996), S. 114ff.
[88] Vgl. Deutsches Institut für Normung e.V. (1995), S. 214; Deutsche Gesellschaft für Qualität e.V. (1995), S. 30.

21

rungen, welche sich vorrangig aus der Konkurrenzsituation ergeben. Eine dritte
Einflußgröße auf die Qualitätsanforderungen sind die Bereitschaft und die Fähigkeit des eigenen Unternehmens. Infolgedessen ist die Festlegung der Qualitätsanforderungen letzten Endes ein Vorgang, der sich am triangulären Verhältnis
Kunde - Wettbewerb - eigenes Unternehmen orientieren muß.[89]

3.3.1.2 Dimensionen der Dienstleistungsqualität

Wie bereits in Kapitel 3.2.1 ausgeführt, existieren aufgrund der Heterogenität des
Dienstleistungssektors vielzählige Merkmale, welche die Dienstleistungsqualität
beeinflussen. Zum Zwecke der Strukturierung empfiehlt es sich, die relevanten
Dimensionen der Dienstleistungsqualität zu bestimmen.[90] Die wichtigsten Model-
le, die diesbezüglich in der Vergangenheit aufgestellt wurden, seien deshalb im
Folgenden kurz erläutert:

Donabedian unterstellt eine Trichotomie der Dienstleistungsqualität: Diese wird
nicht nur durch die **Ergebnis-**, sondern auch durch die **Potential-** und die **Prozeßdimension** bestimmt.[91] Die Potentialdimension, von *Donabedian* ursprünglich
Strukturdimension genannt, bezieht sich auf die sachlichen, organisatorischen und
persönlichen Voraussetzungen des Dienstleistungsanbieters, während die Prozeßdimension sämtliche Aktivitäten während der Erstellung der Dienstleistung beinhaltet.[92] Die drei Dimensionen sind durch eine lineare Abfolge gekennzeichnet,
wobei jedoch Unklarheiten über den genauen Zusammenhang zwischen Potential-
und Prozeßdimension bestehen.[93] *Donabedian* stellt das komplexe Problem der
Qualitätsbeurteilung stark vereinfacht dar. Entscheidend für die Relevanz seines
Modells ist die Deutlichkeit, mit der er herausstellt, daß für die Qualität einer
Dienstleistung nicht ausschließlich deren Ergebnis von Belang ist.[94]

---

[89] Vgl. Bruhn (1995), S. 23ff.
[90] Vgl. Bruhn (1995), S. 25.
[91] Vgl. Donabedian (1980), S. 81ff; Stiff/Gleason (1981), S. 79.
[92] Vgl. Meffert/Bruhn (1995), S. 200.
[93] Vgl. Donabedian (1980), S. 82.
[94] Vgl. Meyer/Mattmüller (1987), S. 190.

22

Ausgangspunkt der Überlegungen von *Grönroos* ist die Annahme, daß Kunden die erwartete und die erhaltene Dienstleistung miteinander vergleichen.[95] In Abhängigkeit von Umfang und Art der erstellten Dienstleistungen unterscheidet er zwei Qualitätsdimensionen: Die **technische Dimension** bezieht sich auf den Umfang des Leistungsprogramms. Sie kann im allgemeinen objektiv beurteilt werden und beschäftigt sich mit der Frage, *was* der Nachfrager einer Dienstleistung erhält. Demgegenüber erfaßt die **funktionale Dimension** die Art und Weise der Leistungserstellung. Sie sagt etwas darüber aus, *wie* die Dienstleistung dargeboten wird. Im Gegensatz zur technischen Dimension unterliegt die funktionale Dimension einer überwiegend subjektiven Wahrnehmung.[96] Große Bedeutung im Rahmen der Qualitätsbeurteilung weist *Grönroos* neben den genannten Dimensionen auch dem Image des Dienstleistungsanbieters zu.[97]

Berry nimmt im Hinblick auf die Erwartungshaltung der Kunden eine Zweiteilung der Dienstleistungsqualität vor.[98] Zur **Routinedimension** zählen alle Merkmale, deren Erfüllung der Nachfrager stillschweigend voraussetzt. Werden die Erwartungen enttäuscht, so führt dies aus Sicht des Kunden zu einer verminderten Dienstleistungsqualität. Die **Ausnahmedimension** hingegen betont das Besondere. Sie beinhaltet solche Merkmale, die eine vom Kunden nicht erwartete Zusatzleistung darstellen und infolgedessen eine Steigerung der empfundenen Dienstleistungsqualität bewirken.[99]

Zeithaml unterscheidet drei Dimensionen der Dienstleistungsqualität.[100] Die **Suchdimension** spielt eine Rolle, wenn der Kunde versucht, die Qualität der Dienstleistung eines ihm unbekannten Anbieters bereits in der Vorkaufphase zu beurteilen. Die **Erfahrungsdimension** bezieht sich auf bestimmte Dienstleistungsmerkmale, die erst im Laufe des Leistungserstellungsprozesses oder im An-

---

[95] Vgl. Grönroos (1983), S. 24.
[96] Vgl. Benkenstein (1993), S. 1105; Grönroos (1990), S. 37ff..
[97] Vgl. Grönroos (1983), S. 26ff.; Grönroos (1990), S. 41.
[98] Vgl. Meffert/Bruhn (1995), S. 200.
[99] Vgl. Stauss/Hentschel (1991), S. 240; Berry (1986), S. 7. Ähnlich argumentiert *Brandt* in seinem *Penalty-Reward-Faktoren-Ansatz*. Vgl. hierzu Brandt (1988), S. 35ff
[100] In der Literatur ist in diesem Zusammenhang von Komponenten die Rede. Um eine einheitliche Terminologie zu gewährleisten, werden die Komponenten i.R.d. Arbeit jedoch als Dimensionen bezeichnet.

schluß daran beurteilt werden können. Merkmale der **Glaubensdimension** entziehen sich dagegen völlig einer abschließenden Beurteilung durch den Kunden.[101]

Den genannten Ansätzen wird in der Literatur vorrangig eine strukturierende Funktion zuerkannt. Zur unmittelbaren Messung der Dienstleistungsqualität sind sie aufgrund der abstrakten Abgrenzung der Dimensionen jedoch nicht geeignet.[102]

3.3.2 Bedeutung der Dienstleistungsqualität

Die Qualität von Dienstleistungen hat sich in den letzten Jahren immer mehr zu einer entscheidenden Erfolgsdeterminante im Konkurrenzkampf entwickelt. *Buzzell/Gale* gelangen aufgrund der Ergebnisse des *PIMS-Projektes*[103] zu dem Schluß, daß die von Kunden wahrgenommene relative Dienstleistungsqualität[104] langfristig der wichtigste Bestimmungsfaktor des Unternehmenserfolges ist. Gemäß der Einschätzung beider Autoren bewirkt eine überlegene Dienstleistungsqualität unter anderem höhere Kundentreue, häufigere Wiederholungskäufe, niedrigere Marketingkosten sowie eine geringere Gefährdung bei Preiskämpfen. Infolgedessen hat sie positive Auswirkungen auf ROI, Umsatzrentabilität und Unternehmenswachstum. *Buzzell/Gale* relativieren ihre Ausführungen, indem sie darauf hinweisen, daß sich nicht jeder Versuch, die Qualität zu verbessern, auszahlt - im Regelfall erscheint es ihnen aber lohnenswert, eine Qualitätsstrategie zu verfolgen.[105]

---

[101] Vgl. Zeithaml (1981), S. 186f.; Stauss/Hentschel (1991), S. 239.
[102] Vgl. Benkenstein (1993), S. 1105; Meffert/Bruhn (1995), S. 201. Auf die Messung der Dienstleistungsqualität wird in Kap. 3.3.3 näher eingegangen.
[103] Das *PIMS-Projekt* wurde 1972 mit dem Ziel begonnen, den Einfluß verschiedener strategischer Dimensionen auf Rentabilität und Unternehmenswachstum zu untersuchen. Inzwischen wurde eine Datenbank aufgebaut, die finanzielle und strategische Daten von mehr als 450 Unternehmen enthält. Vgl. Buzzell/Gale (1989), S. XI.
[104] Dabei handelt es sich um die Qualität der eigenen Dienstleistung im Vergleich zur Dienstleistungsqualität der Hauptwettbewerber (aus Sicht der Kunden). Vgl. Benkenbach (1993), S. 1096.
[105] Vgl. Buzzell/Gale (1989), S. 7 und S. 93ff.; Hentschel (1990), S. 230.

24

Auch andere Untersuchungen unterstützen die These von der Bedeutung der Dienstleistungsqualität:

Anderson/Fornell/Lehmann haben auf Basis einer empirischen Studie, an der 77 schwedische Firmen teilnahmen, eine ROI-Elastizität bezüglich der Qualität ermittelt, die mit den Ergebnissen des *PIMS-Projektes* vergleichbar ist.[106] Desweiteren stellen sie den kumulierten Wert eines treuen Kunden anhand eines einfachen Beispiels dar: An einem Arbeiter, der dreimal wöchentlich in der Mittagspause ein nahegelegenes Lokal aufsucht und dort durchschnittlich 6 $ ausgibt, verdient besagtes Lokal jährlich ca. 900 $. Einhundert solcher treuer Kunden sorgen über einen Zeitraum von fünf Jahren für einen kumulierten Umsatz von knapp einer halben Million Dollar. Dies belegt, wie wichtig Investitionen in die Dienstleistungsqualität zur Steigerung der Kundenzufriedenheit sind.[107]

Reichheld/Sasser stellen die Auswirkungen der Kundenflucht dar.[108] Da die Akquisition eines neuen Kunden bestimmte Einmalkosten verursacht, kann durch diesen Kunden umso mehr verdient werden, je länger es gelingt, ihn an das Unternehmen zu binden. Als besonders bedeutsam erweist sich in diesem Zusammenhang die kostenlose Werbung (*Mund-zu-Mund-Propaganda*), durch die weitere Kunden für das Unternehmen gewonnen werden. *Reichheld/Sasser* zeigen auf, daß je nach Branche Gewinnsteigerungen von bis zu 85% möglich sind, indem nur 5% der abwanderungswilligen Kunden von ihrem Vorhaben abgebracht werden. Zur Unterbindung der Abwanderung empfehlen sie die Steigerung der Dienstleistungsqualität. Durch eine gezielte Befragung untreu gewordener Kunden bezüglich ihrer Abwanderungsmotive erhält man tendenziell konkretere und spezifischere Informationen als durch herkömmliche Marktanalysen. Nach Auswertung der erhobenen Daten können die notwendigen Konsequenzen gezogen werden, um die Dienstleistungsqualität zu verbessern. Dies ist zwar mit Kosten verbunden, stellt aber auch eine Investition in die Zukunft dar, die - bedingt durch die Senkung der Abwanderungsbereitschaft - höhere Gewinne abwirft als ein einmaliger Verkaufsabschluß.

---

[106] Vgl. Anderson/Fornell/Lehmann (1994), S. 62.
[107] Vgl. Anderson/Fornell/Lehmann (1994), S. 55.
[108] Vgl. zum Folgenden Reichheld/Sasser (1991), S. 108ff.

Auch *Beckmann* bezeichnet die Dienstleistungsqualität als Bestimmungsfaktor für die Wettbewerbsfähigkeit.[109] Wenn eine einzige Komponente den Kundenerwartungen nicht entspricht, ist die gesamte Dienstleistung für den Kunden nicht mehr akzeptabel. Bei einer Fluggesellschaft, die 30 Millionen Passagiere im Jahr transportiert, finden bei durchschnittlich fünf Kontakten mit einzelnen Service-Komponenten in diesem Zeitraum insgesamt 150 Millionen Begegnungen mit Kunden statt. Bei einem Prozent Fehlleistungen entstünden 1,5 Millionen Negativ-Eindrücke. Unter der Prämisse, daß unzufriedene Kunden ihre Erlebnisse an 22 Personen weitergeben, ist das Image eines Dienstleistungsanbieters schnell beschädigt. Eine Wiedergutmachung gestaltet sich umso schwieriger, da davon auszugehen ist, daß zufriedene Kunden ihre Erfahrungen nur acht weiteren Personen zur Kenntnis bringen.[110]

Heskett et al. verweisen auf das Beispiel des Unternehmens *Xerox*, das durch jährliche Befragungen von Kunden deren Zufriedenheit auf einer Skala von 1 bis 5 ermittelt. Lange Zeit wurden Werte von 4 (zufrieden) oder 5 (sehr zufrieden) angestrebt. Im Rahmen einer Untersuchung stellte sich jedoch heraus, daß die Wahrscheinlichkeit eines Wiederholungskaufes bei sehr zufriedenen Kunden sechsmal höher ist als bei zufriedenen Kunden. Infolgedessen bemühte sich *Xerox* noch stärker um die Servicequalität, mit dem Ziel, möglichst viele *Apostel* zu schaffen - Kunden, die aufgrund eigener positiver Erfahrungen neue Nachfrager zum Kauf einer Dienstleistung aus dem Hause *Xerox* bekehren.[111] Anhand dieses Beispiels verdeutlichen *Heskett et al.* den Einfluß der Kundenzufriedenheit auf die -treue. Beide Größen sind Glieder der in Darstellung 3 abgebildeten Service-Profit-Kette, die den Zusammenhang zwischen der Servicequalität und Kennzahlen des Unternehmenserfolgs aufzeigt.

---

[109] Vgl. hierzu und zum Folgenden Beckmann (1992), S. 116ff.

[110] Über die Anzahl von Personen, an die Eindrücke weitergegeben werden, herrscht in der Literatur keine Einigkeit. Allgemein anerkannt ist jedoch der Sachverhalt, daß schlechte Dienstleistungsqualität schneller publik wird als gute. *Horovitz* beispielsweise geht davon aus, daß zufriedene Kunden ihre Begeisterung drei weiteren Personen mitteilen, während sich unzufriedene Kunden bei 11 Personen beklagen. Vgl. Horovitz (1989), S. 48.

[111] Vgl. Heskett et al. (1994), S. 53.

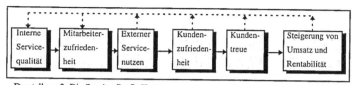

Darstellung 3: Die Service-Profit-Kette
Quelle: in Anlehnung an Heskett et al. (1994), S. 51.

3.3.3 Messung der Dienstleistungsqualität

3.3.3.1 Überblick über die multiattributiven Verfahren zur Messung der Dienstleistungsqualität

Wie bereits gezeigt, ist die Dienstleistungsqualität ein komplexes Konstrukt. Zur Messung dieses Konstruktes existiert eine Reihe verschiedener Verfahren, die mit Hilfe des in Darstellung 4 aufgeführten Ansatzes systematisiert werden können.

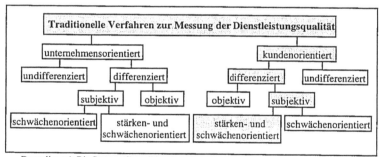

Darstellung 4: Die Systematik traditioneller Qualitätsmessung
Quelle: in Anlehnung an Hentschel (1995), S. 354

Die schattierten Felder in Darstellung 4 sind Kennzeichen der **multiattributiven** **Meßverfahren**. Diese sind:

- **kundenorientiert**, d.h. sie betrachten Qualität als eine bedeutende Einflußgröße des Kaufentscheidungsprozesses,

- **differenziert,** d.h. es erfolgt nicht nur die Ermittlung eines globalen Qualitätsurteils, sondern es werden auch Aussagen zu Teilqualitäten gemacht,

- **subjektiv,** d.h. sie interpretieren Qualität als eine Größe, die der subjektiven Wahrnehmung des Beurteilenden unterliegt und sich an dessen persönlichen Bedürfnissen orientiert,

- **stärken- und schwächenorientiert,** d.h. es sollen neben Qualitätsschwächen auch -stärken identifiziert werden. Ziel ist es, nicht nur Unzufriedenheit zu vermeiden, sondern darüber hinaus Ansatzpunkte dafür zu finden, wie Kunden positiv überrascht werden können. [112]

Multiattributive Meßverfahren gehen davon aus, daß sich globale Qualitätsurteile aus der Summe der individuellen Einschätzungen der einzelnen Qualitätsmerkmale ergeben. Es existiert eine Vielzahl von Anwendungsvarianten, die unter anderem danach unterschieden werden können, ob sie einstellungs- oder zufriedenheitstheoretisch geprägt sind. [113]

Einstellungsorientierte Meßverfahren beruhen auf der Prämisse, daß die Qualitätseinschätzung eines Kunden aufgrund einer gelernten, relativ dauerhaften, positiven oder negativen inneren Haltung gegenüber der zu beurteilenden Dienstleistung erfolgt. [114] Diese Haltung entsteht infolge eines Lernprozesses, der einerseits auf direkten Erfahrungen des Kunden mit der betreffenden Dienstleistung basiert und zum anderen auf indirekten Erfahrungen aufgrund von Kommunikation mit dem Dienstleistungsanbieter oder anderen Kunden. [115] In der Praxis sind diese Verfahren am weitesten verbreitet. Allerdings sind Einstellungen kaum in der Lage, die Emotionalität des Dienstleistungsprozesses zu erfassen. Darüber hinaus tendieren Kunden dazu, bei einstellungsorientierter Messung ihre Qualitätseinschätzung zu rationalisieren. [116]

---

[112] Vgl. Hentschel (1995), S. 352f.; Meffert/Bruhn (1995), S. 203f.; Bruhn/Hennig (1993), S. 218ff.
[113] Vgl. Stauss/Hentschel (1991), S. 240.
[114] Vgl. Trommsdorff (1993), S. 137; Weinberg/Behrens (1978), S. 16; Wimmer (1987), S. 512ff.
[115] Vgl. Meffert/Bruhn (1995), S. 207.
[116] Vgl. Bruhn (1995), S. 36.

Zufriedenheitsorientierte Meßverfahren definieren die Qualitätseinschätzung durch den Kunden gemäß dem *disconfirmation paradigm* als Reaktion auf die wahrgenommene Diskrepanz zwischen der erwarteten und der erlebten Dienstleistung.[117] Je größer diese Diskrepanz ist, desto geringer stuft der Kunde die Qualität der Dienstleistung ein.[118] Voraussetzung für die Anwendung dieses Meßverfahrens ist bereits vorhandene Erfahrung der Untersuchungsteilnehmer mit der betreffenden Dienstleistung. Auch zufriedenheitsorientierte Meßverfahren werden in der Praxis häufig angewendet. Bei ihnen besteht allerdings ebenfalls die Tendenz, daß Kunden ihre Qualitätseinschätzung nachträglich rationalisieren und eine positive Sichtweise annehmen.[119]

Eine grundsätzliche Empfehlung für eines der beiden Verfahren ist nur bedingt möglich. Letztlich sollte das Ziel der Messung entscheidend für die Wahl des Verfahrens sein. Will man Informationen über antizipierende, von dauerhafter Überzeugung der Kunden geprägte Qualitätseinschätzungen erhalten, bietet sich die Anwendung eines einstellungsorientierten Meßverfahrens an. Interessiert man sich dagegen für konstatierende, stärker schwankende Informationen (z.B. die konkrete Beurteilung einer bestimmten Dienstleistung durch einen Kunden), sollte ein zufriedenheitsorientiertes Meßverfahren zum Einsatz kommen.[120]

Benkenstein weist darauf hin, daß einstellungs- und zufriedenheitsorientierte Meßverfahren nicht auf der gleichen Ebene angesiedelt sind. Direkt im Anschluß an das Erleben einer Dienstleistung kann das Ausmaß an Zufriedenheit relativ differenziert wiedergegeben werden. Langfristig geht diese Beurteilung dann in eine unspezifische Einstellung zu der betreffenden Dienstleistung über. Infolgedessen lassen die Ergebnisse einer zufriedenheitsorientierten Messung erheblich differenziertere Schlußfolgerungen bezüglich der Steuerung der Dienstleistungsqualität zu.[121]

---

[117] Vgl. Oliver (1980), S. 460f.; Hentschel (1995), S. 357; Liljander/Strandvik (1993), S. 129ff.
[118] Vgl. Benkenstein (1993), S. 1101.
[119] Vgl. Bruhn (1995), S. 37.
[120] Vgl. Meffert/Bruhn (1995), S. 208; Hentschel (1995), S. 361.
[121] Vgl. Benkenstein (1993), S. 1102.

3.3.3.2 Der SERVQUAL-Ansatz als Beispiel für ein multiattributives Meß-verfahren

Der von *Zeithaml et al.* entwickelte SERVQUAL-Ansatz enthält sowohl Elemente der einstellungs- als auch der zufriedenheitsorientierten Meßverfahren. Zu Ersteren zählt die Tatsache, daß Dienstleistungsunternehmen selbst Bezugsobjekte der Messung sind. Die zufriedenheitsorientierte Komponente zeigt sich in der getrennten Erhebung von erwarteter und erlebter Leistung.[122]

In der ersten Phase ihrer Forschung setzten sich *Zeithaml et al.* zum Ziel, branchenübergreifende Merkmale der Dienstleistungsqualität zu ermitteln.[123] Um ein im Sinne von *Lovelock* möglichst breites Spektrum verschiedener Dienstleistungen abzudecken[124], entschieden sie sich für die Untersuchung folgender Branchen: Privatkundengeschäft von Banken, Kreditkartenunternehmen, Wertpapiermakler und Reparaturwerkstätten. Basierend auf Kundenbefragungen definierten *Zeithaml et al.* Servicequalität als „..*das Ausmaß der Diskrepanz zwischen den Erwartungen und Wünschen der Kunden und ihren Eindrücken von der tatsächlichen Leistung*".[125] Darüber hinaus ermittelten sie zehn allgemeingültige Kriterien, welche durch 97 items repräsentiert wurden und von denen sie annahmen, daß sie die Servicequalität branchenübergreifend determinieren. Die auf der folgenden Seite aufgeführte Darstellung 5 zeigt diese Kriterien im Kontext des Prozesses der Kundenbeurteilung von Servicequalität.

---

[122] Vgl. Stauss/Hentschel (1991), S. 241.
[123] Vgl. zum Folgenden Zeithaml et al. (1992), S. 30ff.; Parasuraman et al. (1988), S. 12ff.
[124] Vgl. Lovelock (1983), S. 9ff.
[125] Zeithaml et al. (1992), S. 32.

30

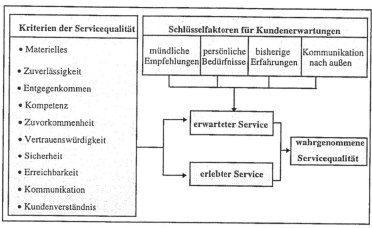

Darstellung 5: Kundenbeurteilung von Servicequalität
Quelle: in Anlehnung an Zeithaml et al. (1992), S. 37.

Auf Grundlage ihrer Definition für Servicequalität sowie der zehn ermittelten Kriterien, entwickelten *Zeithaml et al.* in einer zweiten Forschungsphase SERVQUAL - ein Instrument zur Messung der Kundenauffassung von Servicequalität. Um diesem Instrument weitestgehende Gültigkeit zu sichern, wurden in einer weiteren Befragung neben den Kunden der bereits genannten Branchen auch Ferngesprächsteilnehmer einbezogen. Es gelang, die ursprünglichen zehn Kriterien zunächst auf sieben und schließlich sogar auf die folgenden fünf Dimensionen der Dienstleistungsqualität zu reduzieren.[126]

❶ **Materielles / Annehmlichkeit des tangiblen Umfeldes** (*tangibles*)

Diese Dimension bezieht sich auf das Erscheinungsbild von Einrichtung, Personal und gedruckten Kommunikationsmitteln.

❷ **Zuverlässigkeit** (*reliability*)

Hierunter wird verstanden, inwieweit das Unternehmen in der Lage ist, die versprochene Leistung zuverlässig und präzise auszuführen.

---

[126] Vgl. Parasuraman et al. (1988), S. 18ff. Als wichtigste Dimension hat sich in verschiedenen Untersuchungen die *Zuverlässigkeit* erwiesen. Zuverlässiger Service bildet somit das Zentrum erstklassiger Dienstleistungsqualität. Vgl. hierzu Berry/Parasuraman (1992), S. 31.

❸ **Entgegenkommen / Reagibilität** (*responsiveness*)

Diese Dimension bezieht sich auf die Bereitschaft und die Schnelligkeit, mit der Kunden bei der Problemlösung unterstützt werden.

❹ **Souveränität** (*assurance*)

Hierunter sind die Kriterien Kompetenz, Zuvorkommenheit, Vertrauenswürdigkeit und Sicherheit zusammengefaßt.

❺ **Einfühlungsvermögen** (*empathy*)

Diese Dimension umfaßt die Kriterien Erreichbarkeit, Kommunikation und Kundenverständnis. Im Mittelpunkt steht die Aufmerksamkeit, die den individuellen Wünschen einzelner Kunden gewidmet wird.

Die fünf SERVQUAL-Dimensionen werden auf einem standardisierten Fragebogen, der dazu dient, die wahrgenommene Dienstleisungsqualität zu messen, durch 22 items repräsentiert.[127] Diese items sind jeweils auf zweifache Weise ausformuliert: Als Aussagen, die sich auf die *Erwartungen* der befragten Personen beziehen (z.B. „Die technische Ausrüstung eines hervorragenden Unternehmens der Branche X sollte dem neuesten Stand entsprechen") und als Aussagen in Bezug auf den subjektiven *Eindruck*, den die Untersuchungsteilnehmer von einer bereits erlebten Dienstleistung haben (z.B. „Die technische Ausrüstung des Dienstleistungsunternehmens Y entspricht dem neuesten Stand"). Insgesamt sind (22x2=) 44 Aussagen zu beurteilen, wobei jeweils zwischen einem (bei entschiedener Ablehnung der Aussage) und sieben Punkte (bei völliger Zustimmung) vergeben werden können.[128]

Die *SERVQUAL-Zensur* für jedes item entspricht der Differenz zwischen den verteilten Punkten für die Eindrucks- und die Erwartungs-Aussage. Infolgedessen kann sie einen Wert zwischen -6 und +6 annehmen. Je größer die SERVQUAL-Zensur ist, desto höher ist die wahrgenommene Dienstleisungsqualität bei dem betreffenden item. Die wahrgenommene Dienstleisungsqualität der einzelnen Dimensionen (=*Dimensionszensuren*) erhält man durch Bildung des Mittelwerts

---

[127] Die Dimensionen *Materielles, Entgegenkommen* und *Souveränität* werden jeweils durch vier items repräsentiert, *Zuverlässigkeit* und *Einfühlungsvermögen* durch fünf items.
[128] Vgl. Hentschel (1990), S. 231f.; Parasuraman et al. (1988), S.38ff.

über diejenigen items, welche die jeweiligen Dimensionen repräsentieren. Die *globale wahrgenommene Dienstleistungsqualität* entspricht dem Durchschnitt der Dimensionszensuren.

In einem weiteren Schritt wird die *gewichtete globale wahrgenommene Dienstleistungsqualität* ermittelt. Zuvor muß jedoch festgestellt werden, welche Bedeutung die Probanden den fünf Dimensionen beimessen. Zu diesem Zweck sollen sie den einzelnen Dimensionen Punkte zuordnen: Je wichtiger ihnen eine Dimension erscheint, desto mehr Punkte sollte sie erhalten. Insgesamt sind 100 Punkte zu verteilen. Die Summe der mit einem Hundertstel der verteilten Punkte multiplizierten Dimensionszensuren ergibt die gewichtete globale wahrgenommene Dienstleistungsqualität. Durch Bildung des Durchschnitts über alle Probanden, erhält man schließlich die *gewichtete SERVQUAL-Gesamtzensur*. Diese bringt zum Ausdruck, wie die Gesamtheit der Befragungsteilnehmer die Dienstleistungsqualität des Unternehmens Y beurteilt.[129]

Lt. *Parasuraman et al.* zeichnet sich der SERVQUAL-Ansatz durch hohe Reliabilität und Validität aus.[130] Er kann auf ein breites Spektrum von Dienstleistungen angewendet werden und ermöglicht es Dienstleistungsanbietern, die Serviceerwartungen sowie -wahrnehmungen ihrer Kunden besser zu verstehen und darauf aufbauend das Serviceangebot zu optimieren. Am wertvollsten ist der Ansatz bei Anwendung über einen längeren Zeitraum mit dem Ziel, die Entwicklung von erwarteter und erlebter Dienstleistungsqualität zu dokumentieren und Trends daraus abzuleiten. Desweiteren kann unter Zuhilfenahme von SERVQUAL eine Segmentierung der Kunden entsprechend ihrer Qualitätswahrnehmung erfolgen oder analysiert werden, wie das eigene Dienstleistungsangebot im Vergleich zu dem der Konkurrenz beurteilt wird.[131]

Der SERVQUAL-Ansatz wurde durch mehrere empirische Untersuchungen bestätigt, besitzt gegenüber anderen Meßverfahren Vorteile bei der theoretischen

---

[129] Vgl. Zeithaml et al. (1992), S. 199ff. *Hentschel* empfiehlt zur Bestimmung des Bedeutungsgewichtes der einzelnen Dimensionen ein regressionsanalytisches Vorgehen. Vgl. hierzu Hentschel (1990), S. 232 und Stauss/Hentschel (1991), S. 241.
[130] Vgl. Parasuraman et al. (1988), S. 24ff.
[131] Vgl. Parasuraman et al. (1988), S. 31ff.

Fundierung und wird auch in der Praxis zur Messung der Dienstleistungsqualität herangezogen.[132] Dennoch ist er in der Literatur nicht unumstritten:

Babakus/Boller kritisieren unter anderem die Verwendung der Doppelskala. Einerseits sehen sie psychologische Auswirkungen auf das Antwortverhalten der Probanden. Zum anderen halten sie es für problematisch, aus Beurteilungen, die sich auf zwei unterschiedliche Ebenen beziehen (Dienstleistungsbranche ↔ einzelner Dienstleistungsanbieter) das Konstrukt SERVQUAL abzuleiten. Darüber hinaus unterstellen *Babakus/Boller* dem SERVQUAL-Ansatz noch weitere methodische Probleme und kommen zu dem Schluß, daß die Messung der wahrgenommenen Dienstleistungsqualität weiterhin eine Herausforderung für die Wissenschaft darstellt.[133]

Auch *Hentschel* sowie *Bruhn/Hennig* bemängeln die Doppelskala, da sie hohe Ansprüche an die Urteilsbereitschaft und -fähigkeit der Probanden stelle und es fraglich sei, ob ihr diagnostischer Wert tatsächlich erhöht ist. Den Aussagewert der Erwartungsskala sieht *Hentschel* dadurch eingeschränkt, daß eine Tendenz zu einheitlichen hohen Werten besteht. Neben der Kritisierung der Auswertungslogik, hegt er auch Zweifel daran, ob der Anspruch, ein branchenübergreifendes Meßinstrument für den Dienstleistungssektor zu entwickeln, aufgrund dessen Heterogenität überhaupt sinnvoll ist.[134]

Trotz aller Kritik wird allgemein anerkannt, daß SERVQUAL in modifizierter Form durchaus geeignet sein kann, um die Qualität von Dienstleistungen meßbar zu machen. Es ist jedoch unbedingt erforderlich, die Ausgangsdimensionen für die zu messende Dienstleistungsbranche im Voraus zu erfassen und festzulegen. Die prinzipielle Vorgehensweise von den ursprünglichen Qualitätskriterien bis zum endgültigen Fragebogen kann aber als Vorlage für die Entwicklung eines branchenspezifischen Meßinstrumentes beibehalten werden.[135]

---

[132] Vgl. Bruhn/Hennig (1993), S. 231; Scharitzer (1993), S. 94. V.a. amerikanische Banken setzen SERVQUAL zur Qualitätsmessung ein. Vgl. hierzu Meffert/Bruhn (1995), S. 210.
[133] Vgl. Babakus/Boller (1992), S. 255ff.
[134] Vgl. Hentschel (1990), S. 235f.; Bruhn/Hennig (1993), S. 231.
[135] Vgl. Hentschel (1990), S. 238; Bruhn/Hennig (1993), S. 231.

4. EINE EMPIRISCHE UNTERSUCHUNG DES LINIENFLUGMARKTES AUF BASIS DER CONJOINT-ANALYSE

4.1 Skizzierung des conjoint-analytischen Verfahrens

In diesem Kapitel wird zunächst auf die Grundlagen, den Aufbau und den Ablauf der Conjoint-Analyse als ein Instrument zur Ermittlung des Kundennutzens eingegangen. Im Anschluß daran erfolgt die Darstellung der spezifischen Ausgestaltung der empirischen Untersuchung, die dieser Arbeit zugrunde liegt.

4.1.1 Allgemeine Grundlagen der Conjoint-Analyse

Grundsätzlich können im Rahmen der Käuferpräferenzmessung kompositionelle und dekompositionelle Verfahren unterschieden werden. Bei der klassischen *kompositionellen Vorgehensweise*[136] werden für jede Merkmalsausprägung Einzelurteile erhoben und anschließend zu einem Gesamturteil zusammengefaßt.[137] *Dekompositionelle Verfahren* stellen die Befragten im Gegensatz dazu vor eine realitätsnähere Beurteilungsaufgabe, denn es müssen nicht einzelne Produkteigenschaften, sondern Produkte als Ganzes beurteilt werden. Auf Basis der erhobenen Globalurteile werden dann die Teilnutzenwerte der einzelnen Merkmalsausprägungen sowie die relativen Wichtigkeiten der Eigenschaften ermittelt.[138]

Die Conjoint-Analyse, auf der die in dieser Arbeit beschriebene empirische Studie beruht, zählt zu den dekompositionellen Verfahren.[139] Der Zusammenhang zwischen den Merkmalsausprägungen und den Präferenzen der Befragten wird durch

---

[136] Hierzu zählen aus dem Bereich der multiattributionalen Einstellungsmodelle u.a. das *Fishbein*-sowie das *Idealpunkt-Modell*. Vgl. Fishbein (1963), S. 233f; Trommsdorff (1975), S. 72ff. Beispiele zur Anwendung dieser Modelle geben *Lehmann* und *Ginter*. Vgl. Lehmann (1971), S. 47ff.; Ginter (1974), S. 30ff.
[137] Vgl. Jüngst/Mengen (1995), S. 91f.
[138] Vgl. Berekhofen et al. (1993), S. 81f.
[139] Die neuesten Entwicklungen im Bereich der Conjoint-Analyse weisen jedoch auch kompositionelle Bestandteile auf. Vgl. Ausführungen in Kap. 4.1.2 dieser Arbeit.

35

die *Bewertungsfunktion* hergestellt. Diese ordnet allen Merkmalsausprägungen Teilnutzenwerte zu, welche die Präferenzen der Befragten widerspiegeln. Drei alternative Bewertungsfunktionen können unterschieden werden. Das Idealpunktmodell geht davon aus, daß ideale Merkmalsausprägungen existieren, wobei zunehmende Distanz sinkende Teilnutzenwerte impliziert.[140] Kern des Idealvektormodells ist die Annahme, daß sich der Beitrag eines Merkmals zum Gesamtnutzen proportional zur Merkmalsausprägung verändert.[141] Das Teilnutzenwertmodell läßt jeden möglichen Funktionstyp zu und kann infolgedessen auch bei nicht metrisch skalierten Merkmalen eingesetzt werden.[142]

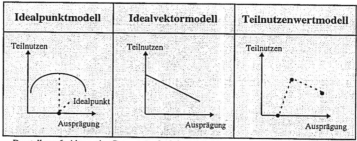

Darstellung 6: Alternative Bewertungsfunktionen
Quelle: in Anlehnung an Green/Srinivasan (1978), S. 106

Um aus den einzelnen Teilnutzenwerten die Gesamtnutzenwerte der verschiedenen Produktalternativen ermitteln zu können, wird eine *Verknüpfungsregel* benötigt. Hierbei werden kompensatorische und nicht-kompensatorische Modelle unterschieden. Bei Ersteren fließen - im Gegensatz zu den nicht-kompensatorischen Modellen[143] - sämtliche Merkmale in die Bewertung ein. So kann bei-

---

[140] Zur Veranschaulichung stelle man sich den Salzgehalt einer Suppe vor: Sowohl eine Unter- als auch eine Überschreitung führen zu Geschmacks- und infolgedessen zu Nutzeneinbußen.
[141] Ein typisches Beispiel für einen proportional zur Merkmalsausprägung sinkenden Teilnutzen ist der Benzinverbrauch eines Autos.
[142] Die verschiedenen Bewertungsfunktionen werden in der Literatur ausführlich dargestellt. Vgl. Green/Srinivasan (1978), S.105ff.; Schweikl (1985), S. 26ff.; Gutsche (1995), S. 82ff.
[143] Auf die nicht-kompensatorischen Modelle (konjunktives, disjunktives und lexikographisches Modell) wird im Rahmen dieser Arbeit nicht näher eingegangen. Ausführliche Darstellungen finden sich in der einschlägigen Literatur. Vgl. Bleicker (1983), S. 35ff.; Mengen (1993), S.78ff.; Böcker (1986), S. 558f.

spielsweise der hohe Nutzenbeitrag eines Merkmals den geringen Nutzenbeitrag eines anderen Merkmals kompensieren. Zu den kompensatorischen Modellen zählen das polynomiale und das linear-additive Verfahren, welche die Teilnutzenwerte auf unterschiedliche Art und Weise zu einem Globalurteil aggregieren.[144] Die folgenden Ausführungen beschränken sich auf das additive Modell, das sich in der Praxis vielfach bewährt hat[145] und deshalb auch in der empirischen Untersuchung dieser Arbeit zur Anwendung kommt.

$$U_k = \sum_{j=1}^{J} \sum_{m=1}^{M} u_{jm} \bullet x_{jm}$$

mit U_k : geschätzter Gesamtnutzenwert von Stimulus (Produkt) k

u_{jm} : Teilnutzenwert für Ausprägung m von Merkmal j

x_{jm} : $\begin{cases} 1 \text{ falls Stimulus } k \text{ die Ausprägung } m \text{ bei Merkmal } j \text{ aufweist} \\ 0 \text{ sonst} \end{cases}$

Darstellung 7: Das additive Verknüpfungsmodell
Quelle: in Anlehnung an Backhaus et al. (1996), S. 509

4.1.2 Aufbau und Ablauf der Conjoint-Analyse

Der Ablauf von Conjoint-Analysen orientiert sich an dem in Darstellung 8 aufgeführten Schema. Bezüglich der Ablaufschritte herrscht in der Literatur weitgehend Einigung - je nach Autor variieren jedoch Anzahl und Detaillierungsgrad der einzelnen Phasen.[146]

---

[144] Vgl. Nieschlag et al. (1994), S. 829; Thomas (1979), S. 199.
[145] Vgl. Green/Wind (1973), S. 43; Stadtler (1993), S. 34.
[146] Vgl. exemplarisch Green/Srinivasan (1978), S. 105ff.; Tscheulin (1992), S. 22; Kara et al. (1994), S. 31; Perrey (1996), S. 106.

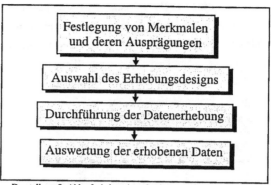

Darstellung 8: Ablaufschritte einer Conjoint-Analyse
Quelle: in Anlehnung an Schubert/Wolf (1993), S. 136

Die sinnvolle **Festlegung von Merkmalen und deren Ausprägungen** ist die grundlegende Determinante des Erfolges einer Conjoint-Analyse. Das Nichtberücksichtigen wichtiger Merkmale kann dazu führen, daß die Ergebnisse der Conjoint-Analyse unbrauchbar sind.[147] Um dies zu verhindern, empfiehlt sich die Durchführung einer Voruntersuchung. Dabei werden Prospekte von Herstellern und Testberichte sondiert sowie Experten und potentielle Kunden befragt.[148] Auf Basis dieser Voruntersuchung wird entschieden, welche Merkmale in die Hauptuntersuchung eingehen. Die ausgewählten Merkmale müssen folgende Anforderungen erfüllen: Relevanz für die Kaufentscheidung, Beeinflußbarkeit und technische Realisierbarkeit durch den Hersteller/Anbieter sowie Unabhängigkeit.[149] Im Hinblick auf eine möglichst hohe Reliabilität der Ergebnisse sollte die Anzahl der Merkmale nicht zu groß sein.[150] Zur Selektierung schlägt *Sattler* vor, Merkmale unterhalb einer festzulegenden Mindestbedeutung nicht zu berücksichtigen.[151]

Die Empfehlung der zahlenmäßigen Begrenzung gilt auch für die Ausprägungen der Merkmale. Diese müssen darüber hinaus in einer kompensatorischen Bezie-

---

[147] Vgl. Kucher/Simon (1987), S. 30.
[148] Vgl. Schweikl (1985), S. 92ff.
[149] Vgl. Backhaus et al. (1996), S. 500. Die Forderung der Unabhängigkeit der Merkmale folgt unmittelbar aus der Anwendung des additiven Verknüpfungsmodells.
[150] Vgl. Weisenfeld (1989), S. 161; Thomas (1983), S. 313.
[151] Vgl. Sattler (1991), S. 82.

hung zueinander stehen.[152] Die Anzahl der Ausprägungen sollte bei den verschiedenen Merkmalen möglichst ähnlich gewählt werden, da empirische Studien den Schluß nahelegen, daß Merkmale mit vielen Ausprägungen oftmals als wichtiger eingestuft werden als solche mit wenigen Ausprägungen.[153] Die Spannweite der Ausprägungen ist etwas größer als in der Realität zu wählen. Sie darf allerdings nicht zu groß sein, da sie sonst als unglaubwürdig betrachtet wird, was zu Verzerrungen der Ergebnisse führen kann.[154]

Im Rahmen der **Auswahl des Erhebungsdesigns** muß zunächst die Entscheidung für ein Präferenzmodell getroffen werden.[155] Im Anschluß daran wird die Datenerhebungsmethode festgelegt. Bei der *Trade-Off-Methode* bekommen die Probanden Matrizen für alle denkbaren Zweier-Kombinationen von Merkmalen vorgelegt.[156] Die Bearbeitung dieser Matrizen stellt keine besonderen Ansprüche an die Informationsverarbeitungskapazität der Probanden. Die Trade-Off-Methode gilt jedoch als realitätsfremd, kann zu schematischem Antwortverhalten führen und erweist sich bei entsprechend großer Anzahl von Merkmalen bzw. Ausprägungen als sehr zeitintensiv.[157] In der Praxis spielt sie daher nur eine untergeordnete Rolle.[158]

Bei der *Profilmethode* werden die Stimuli aus jeweils einer Ausprägung aller Merkmale konstruiert.[159] Als Vorteile dieser Methode gelten ihre Realitätsnähe sowie die geringe Anzahl benötigter Probandenurteile.[160] Desweiteren

---

[152] Vgl. Backhaus et al. (1996), S. 501. Eine kompensatorische Beziehung besteht z.B. zwischen dem Preis und der Qualität eines Produktes. Die Nutzenminderung, die durch eine Steigerung des Preises entsteht, kann i.a. durch eine Erhöhung der Qualität ausgeglichen bzw. kompensiert werden.

[153] Dieser Ausprägungsstufeneffekt tritt im Übrigen unabhängig von der Spannweite der Ausprägungen auf. Vgl. Currim et al. (1981), S. 72; Wittink et al. (1982), S. 472.

[154] Vgl. Green/Srinivasan (1978), S. 109.

[155] Hierunter versteht man die Auswahl von Bewertungsfunktion und Verknüpfungsregel. Vgl. Kap. 4.1.1 dieser Arbeit. In der Praxis wird i.a. das additive Teilnutzenwertmodell angewendet, da es sehr flexibel ist und Merkmale jeglichen Typs verarbeiten kann. Vgl. Schubert (1991), S. 206f.; Balderjahn (1994), S. 14.

[156] Vgl. Johnson (1974), S. 121ff.; Green/Tull (1982), S. 448.

[157] Vgl. Green/Srinivasan (1978), S. 108; Thomas (1983), S. 309.

[158] Besonders deutlich trat dies in den USA zutage. 1971 bis 1980 wurde die Trade-Off-Methode noch in 27% der durchgeführten Conjoint-Analysen angewendet. Zwischen 1981 und 1985 sank ihr Anteil auf 6%. Vgl. Wittink/Cattin (1989), S. 92.

[159] Vgl. Backhaus et al. (1996), S. 503.

[160] Die Aufgabe der Probanden ist jedoch erschwert, da mehrere Merkmalsausprägungen gleichzeitig beachtet und gegeneinander abgewogen werden müssen. Vgl. Green/Srinivasan (1978), S. 108.

scheint sie sich im Vergleich zur Trade-Off-Methode duch eine höhere Validität und Reliabilität auszuzeichnen.[161] Je mehr Merkmale und Ausprägungen in die Untersuchung eingehen, desto mehr Stimuli können konstruiert werden. Dies führt unter Umständen zur Überforderung der Probanden.[162] Aus diesem Grund ist es im allgemeinen ratsam, auf ein reduziertes Design zurückzugreifen.[163] Zur systematischen Reduzierung der Stimuli werden in vielen Studien die von *Addelman* entwickelten orthogonalen Basispläne verwendet.[164]

In der jüngeren Vergangenheit sind zwei weitere Methoden der Datenerhebung entstanden, welche die klassische dekompositionelle Vorgehensweise mit kompositionellen Elementen verbinden: Die *Hybrid-Conjoint-Analyse*, die eine Weiterentwicklung der Profilmethode darstellt sowie die *Adaptive Conjoint-Analyse* als moderne Form des Trade-Off-Ansatzes.[165] Insbesondere letztere hat in der Praxis großen Anklang gefunden.[166] Die Datenerhebung wird dabei computergestützt durchgeführt. Die Fragen orientieren sich jeweils an den zuvor gegebenen Antworten, wodurch die Untersuchung individuell auf die Nutzenstruktur jedes einzelnen Probanden zugeschnitten werden kann.[167]

Im Rahmen der **Durchführung der Datenerhebung** können die Stimuli auf unterschiedliche Art und Weise präsentiert werden: *verbal* (z.B. Produktkarten), *visuell* (z.B. Fotos, Zeichnungen, Filme) oder *physisch* (reale Produkte oder Prototypen). Die Befragung erfolgt durch persönliche Interviews, telefonisch,

---

[161] Vgl. exemplarisch Safizadeh (1989), S. 454ff. In der Literatur ist diese These jedoch nicht unumstritten. *Jain et al.* beispielsweise konnten keine Vorteile der Profilmethode feststellen und auch *Segal* konstatierte beiden Methoden eine sehr hohe Reliabilität. Vgl. Jain et al. (1979), S.320; Segal (1982), S.142.

[162] In einer Studie von *Didow/Barksdale* benötigten die meisten Versuchspersonen lediglich 12 Minuten, um 27 Stimuli in eine Rangordnung zu bringen. Vgl. Didow/Barksdale (1982), S. 422. Dennoch sind viele Autoren der Ansicht, daß den Probanden im Regelfall maximal 20 Stimuli zur Beurteilung vorgelegt werden sollten. Vgl. u.a. Mengen/Simon (1996), S. 232; Malhotra (1982), S. 205.

[163] Vgl. Backhaus et al. (1996), S. 506 und 522ff.

[164] Vgl. Addelman (1962), S. 21ff. Ohne wesentlichen Informationsverlust lassen sich damit z.B. (4x4x2x2x2x2=)512 Stimuli auf 16 bzw. (3x3x2x2x2=)72 Stimuli auf 9 reduzieren. Vgl. hierzu Bauer et al. (1995), S. 8; Buchtela/Holzmüller (1990), S. 90.

[165] Vgl. Schubert (1991), S. 148f.

[166] Vgl. Wittink et al. (1994), S. 44.

[167] Vgl. Mengen/Simon (1996), S. 232f.

computergestützt oder schriftlich auf dem Postweg.[168] In der Praxis wird die verbale Präsentation im Rahmen eines persönlichen Interviews bevorzugt[169], wobei insbesondere beim Einsatz der Profilmethode die Verwendung von Produktkarten sehr beliebt ist.[170] Mit Hilfe dieser Produktkarten sollen die Probanden dann ihre Präferenzen zum Ausdruck bringen. Dies geschieht im allgemeinen durch Ranking oder Rating.[171]

Beim *Ranking* ist es die Aufgabe der Untersuchungsteilnehmer, sämtliche Produktkarten entsprechend des Nutzens, den sie (subjektiv) stiften, in eine Präferenzreihenfolge zu bringen.[172] Beim *Rating* hingegen sind Einstufungen auf Skalen vorzunehmen. Diese Skalen können relativ leicht konstruiert und angewendet werden. Es besteht jedoch eine individuelle Tendenz der Probanden, die Produktkarten gleichbleibend entweder auf Extrem- oder auf Mittelpositionen einzustufen.[173] Im Grunde werden durch Rating nur ordinale Daten erfaßt - implizit wird jedoch die Annahme getroffen, daß die Untersuchungsteilnehmer bei entsprechender graphischer Darstellung die Skalenabstände als gleichbleibend wahrnehmen. Infolgedessen können die Präferenzangaben als metrisch interpretiert werden.[174] Im Gegensatz zum Ranking wird durch Rating nicht nur eine Präferenzreihenfolge gebildet, sondern auch die jeweilige Intensität des Vorzugs zum Ausdruck gebracht.[175] In der Literatur wird allerdings bezweifelt, daß Probanden fähig sind, metrische Einschätzungen vorzunehmen.[176]

Im Zusammenhang mit der **Auswertung der erhobenen Daten** ist zunächst eine *Teilnutzenwertschätzung* vorzunehmen. Welche Verfahren dabei angewendet werden können, hängt von den im Rahmen der Conjoint-Analyse bis zu diesem Zeitpunkt bereits getroffenen Entscheidungen ab. Die gängigsten Ansätze bei or-

[168] Vgl. Schubert/Wolf (1993), S. 136.
[169] Vgl. Wittink et al. (1994), S. 44.
[170] Vgl. Schubert/Wolf (1993), S. 142. Die empirische Studie dieser Arbeit beruht auf der Verwendung von Produktkarten, die verschiedene Linienflüge repräsentieren. Deshalb beziehen sich die folgenden Ausführungen auf diese Form der Präsentation.
[171] Vgl. Green/Srinivasan (1990), S. 8.
[172] Vgl. Urban/Hauser (1980), S. 249.
[173] Vgl. Kroeber-Riel (1990), S. 187; Hammann/Erichson (1994), S. 275; Berekhofen et al. (1996), S. 76.
[174] Vgl. Berekhofen et al. (1996), S. 74.
[175] Vgl. Stegmüller (1995), S. 236.
[176] Vgl. Fenwick (1978), S. 203.

dinalem Skalenniveau sind MONANOVA und LINMAP. Bei metrischem Skalenniveau wird am häufigsten die Kleinst-Quadrate-Schätzung angewendet. Als
klassisches Verfahren gilt der MONANOVA-Algorithmus von *Kruskal*, der die
Teilnutzenwerte auf der Basis einer monotonen Varianzanalyse errechnet, die als
Baustein eine monotone Regression enthält.[177]

Damit die ermittelten individuellen Teilnutzenwerte aggregiert werden können,
müssen sie sich auf den gleichen Nullpunkt und die gleichen Skaleneinheiten beziehen. Zu diesem Zweck wird eine *Normierung* durchgeführt. Dabei werden die
Teilnutzenwerte der einzelnen Ausprägungen für jedes Merkmal zunächst so
transponiert, daß der jeweils niedrigste Wert auf Null gesetzt wird. Dazu kann die
in Darstellung 9 aufgeführte Gleichung (1) angewendet werden. In einem zweiten
Schritt werden die transponierten Teilnutzenwerte mit Hilfe der Gleichung (2) so
normiert, daß ihre Summe über die Ausprägungen aller Merkmale für jeden Untersuchungsteilnehmer den Wert 1 ergibt.[178] Eine *Aggregation* der normierten
Teilnutzenwerte über alle Probanden kann dann problemlos durchgeführt werden,
indem unter Anwendung der Gleichung (3) der Mittelwert gebildet wird.

Aus der Höhe der durchschnittlichen normierten Teilnutzenwerte wird ersichtlich,
welchen Beitrag die verschiedenen Merkmalsausprägungen zum Gesamtnutzenwert der Stimuli leisten. Die Mittelwertbildung ist allerdings mit dem Nachteil
verbunden, daß Informationen über die Streuungen der individuellen Teilnutzenwerte der Probanden verloren gehen.[179]

---

[177] Vgl. Kruskal (1964a), S. 1ff.; Kruskal (1964b), S. 115ff. Auf eine eingehende Beschreibung des MONANOVA-Verfahrens wird an dieser Stelle verzichtet, da in der Literatur zahlreiche Darstellungen zu finden sind. Vgl. u.a. Thomas (1979), S. 206ff.; Backhaus et al. (1996), S. 512ff.
[178] Vgl. Bauer/Thomas (1984), S. 209; Dichtl/Thomas (1986), S. 30. In der Literatur werden noch weitere Normierungsalternativen genannt. Vgl. hierzu Gutsche (1995), S. 134. *Backhaus et al.* beispielsweise geben die Empfehlung, den Gesamtnutzenwert des am stärksten präferierten Stimulus für jeden Probanden auf 1 zu setzen. Vgl. Backhaus et al. (1996), S. 519.
[179] Vgl. Backhaus et al. (1996), S. 538.

$$(1) \quad u_{ijm}^{trans} = u_{ijm} - u_{ij}^{min}$$

$$(2) \quad u_{ijm}^{norm} = \frac{u_{ijm}^{trans}}{\sum_{j=1}^{J} \sum_{m=1}^{M} u_{ijm}^{trans}}$$

$$(3) \quad u_{jm}^{norm} = \frac{1}{I} \cdot \sum_{i=1}^{I} u_{ijm}^{norm}$$

mit u_{ijm} : TNW der Ausprägung m von Merkmal j bei Person i

       u_{ij}^{min} : geringster TNW des Merkmals j bei Person i

       u_{ijm}^{trans} : transponierter TNW der Ausprägung m von Merkmal j bei Person i

       u_{ijm}^{norm} : normierter TNW der Ausprägung m von Merkmal j bei Person i

       u_{jm}^{norm} : durchschnittlicher normierter TNW der Ausprägung m von Merkmal j

       I : Anzahl der Probanden

Darstellung 9: Formeln zur Normierung der Teilnutzenwerte
Quelle: in Anlehnung an Thomas (1983), S. 338

Im Rahmen der meisten Untersuchungen ist ferner von Interesse, welche Bedeutung die einzelnen Merkmale bei der Präferenzbildung besitzen. Für jeden Probanden gibt darüber die *individuelle relative Wichtigkeit* Auskunft. Um diese zu ermitteln, ist die maximale Spannweite der einzelnen Merkmale zu errechnen[180] und derart zu normieren, daß die Summe der Merkmalsgewichte für jeden Untersuchungsteilnehmer den Wert 1 ergibt.[181] Die Normierung erfolgt mittels der in Darstellung 10 aufgeführten Gleichung (1). Zur Ermittlung der *durchschnittlichen relativen Wichtigkeiten* ist der Mittelwert über alle Probanden zu bilden. Hierfür bietet sich die Anwendung der Gleichung (2) der Darstellung 10 an.

---

[180] Darunter versteht man die Differenz zwischen dem größten und dem kleinsten Teilnutzenwert der Ausprägungen des betreffenden Merkmals. Vgl. Green/Tull (1982), S. 455.
[181] Vgl. Mengen (1993), S. 97.

$$(1) \quad w_{ij} = \frac{\max\limits_{m} u_{ijm} - \min\limits_{m} u_{ijm}}{\sum\limits_{j=1}^{J} (\max\limits_{m} u_{ijm} - \min\limits_{m} u_{ijm})}$$

$$(2) \quad w_j = \frac{1}{I} \cdot \sum\limits_{i=1}^{I} w_{ij}$$

mit u_{ijm} : Teilnutzenwert der Ausprägung m von Merkmal j bei Person i

w_{ij} : individuelle relative Wichtigkeit des Merkmals j bei Person i

w_j : durchschnittliche relative Wichtigkeit des Merkmals j

I : Anzahl der Probanden

Darstellung 10: Formeln zur Bestimmung der Wichtigkeit der Merkmale
Quelle: in Anlehnung an Backhaus et al. (1996), S. 519

4.2 Das spezifische Design der empirischen Untersuchung

4.2.1 Festlegung von Merkmalen und deren Ausprägungen unter Berücksichtigung der SERVQUAL-Dimensionen

Die Festlegung der in der empirischen Studie berücksichtigten Merkmale erfolgte in Anlehnung an die in Kapitel 3.3.3.2 dargestellten SERVQUAL-Dimensionen. Im Rahmen einer Voruntersuchung wurden 20 Probanden[182] gebeten, für insgesamt 22 Merkmale anzugeben, welche Bedeutung sie ihnen bei der Buchung eines privaten Fernfluges beimessen.[183] Die in der Voruntersuchung enthaltenen Merkmale wurden durch intensive Literaturrecherche ermittelt, wobei sich die Aufmerksamkeit vorrangig auf Prospektmaterial der Fluggesellschaften *United Airlines* und *Lufthansa*, Zeitschriftenartikel sowie Zeitungsausschnitte richtete. In diesem Zusammenhang wurde darauf geachtet, daß die Liste der potentiell kaufentscheidungsrelevanten Merkmale alle fünf Dimensionen des SERVQUAL-Ansatzes widerspiegelte. Daß dies der Fall war, belegt Darstellung 11 anhand einiger ausgewählter Merkmale.

---

[182] Dabei handelte es sich um *keine* repräsentative Stichprobe.

[183] Der Fragebogen der Voruntersuchung ist im Anhang auf S. VIII enthalten. Es wurde bewußt ein privater Fernflug als Untersuchungsobjekt gewählt, da bei Geschäftsreisen bzw. Kurz- und Mittelstreckenflügen den Merkmalen andere Wichtigkeiten beigemessen werden. So spielen z.B. Flugfrequenz und Bordtelefon für Geschäftsreisende eine größere Rolle als für Urlauber. Desweiteren dürfte mit zunehmender Flugdauer die Bedeutung des Sitzkomforts und der Bordunterhaltung steigen.

SERVQUAL-Dimensionen	Ausgewählte Merkmale der Voruntersuchung
Materielles	→ *Sitzkomfort, Bordunterhaltung, Gate-Buffet*
Zuverlässigkeit	→ *Pünktlichkeit, Dauer des Eincheckens*
Entgegenkommen	→ *Flexibilität des Personals*
Souveränität	→ *Freundlichkeit des Personals, Flugsicherheit*
Einfühlungsvermögen	→ *deutschsprachige Flugbegleitung*

Darstellung 11: Anwendung der SERVQUAL-Systematik auf ausgewählte Merkmale der Voruntersuchung
Quelle: Eigene Darstellung

In der Voruntersuchung haben sich *Preis, Sicherheit, Sitzkomfort, Freundlichkeit* und *Entgegenkommen des Boden-/Luftpersonals, Bordunterhaltung* sowie *Anzahl der Zwischenlandungen* als die wichtigsten Merkmale erwiesen. Aus erhebungstechnischen Gründen fand der *Preis* bei der Festlegung der in die Hauptuntersuchung einzubeziehenden Merkmale keine Berücksichtigung.[184] Die Merkmale *Freundlichkeit* und *Entgegenkommen des Boden-/Luftpersonals* wurden aufgrund der ungenügenden Trennschärfe unter dem item *Servicepersonal* zusammengefaßt.

Auf Basis der Ergebnisse der Voruntersuchung und unter Berücksichtigung obiger Überlegungen, wurden folgende Merkmale und Ausprägungen Bestandteil der Hauptuntersuchung[185]:

✱ *Anzahl der Zwischenlandungen*

① **Non-Stop-Flug**

② **Eine Zwischenlandung**; Verlassen des Flughafengebäudes nicht möglich

③ **Zwei Zwischenlandungen**; Verlassen des Flughafengebäudes nicht möglich

---

[184] Mit Genehmigung der *Flughafen Frankfurt/Main AG* fand die Datenerhebung im Transitbereich des dortigen Flughafens statt. Im Vorfeld der Befragung wurde davon ausgegangen, in diesem Bereich überwiegend ausländische Flugpassagiere anzutreffen. Um einer Verzerrung der Conjoint-Ergebnisse aufgrund der unterschiedlichen Preisniveaus in den Herkunftsländern der Befragten vorzubeugen, wurde trotz dessen großer Bedeutung im Rahmen des Kaufentscheidungsprozesses auf das Merkmal *Preis* verzichtet.
[185] Die in einer englischen Version der Produktkarten verwendeten Merkmale und Ausprägungen sind im Anhang auf S. IX aufgeführt.

* Sicherheit

① Über die gesetzlich vorgeschriebenen Mindeststandards hinaus werden keine zusätzlichen Maßnahmen ergriffen, um die Sicherheit zu erhöhen

② Der Sicherheit wird über die gesetzlichen Auflagen hinaus große Beachtung geschenkt (geringes Flottenalter, überdurchschnittlich häufige Wartung, besonders qualifizierte Cockpit-Besatzungen)

* Sitzkomfort

① Sitzbreite und Beinfreiheit bewegen sich im üblichen Rahmen

② Erhöhter Sitzkomfort durch breitere Sitze und größere Abstände zwischen den einzelnen Reihen

* Servicepersonal

① Oberstes Gebot: Aufwandsminimierung / „Dienst nach Vorschrift" Freundlichkeit und Zuvorkommenheit des Personals sind nicht besonders ausgeprägt (Bodenpersonal kommt nur solchen Anliegen nach, die in den eigenen Zuständigkeitsbereich fallen; an Bord werden Getränke außerhalb der Essenszeiten nicht an den Platz serviert und Flugbegleiter gehen nicht von sich aus auf die Passagiere ein, sondern diese müssen auf sich aufmerksam machen, falls sie irgendwelche Wünsche haben)

② Oberstes Gebot: Zufriedenheit der Fluggäste Personal ist besonders freundlich und zuvorkommend (Bodenpersonal setzt alle Hebel in Bewegung, um auch ungewöhnlichen Anliegen der Passagiere nachzukommen; an Bord besteht Getränkeservice rund um die Uhr und den Fluggästen werden die Wünsche „von den Augen abgelesen")

* Bordunterhaltung

① Auf einer Großbildleinwand werden aktuelle Spielfilme gezeigt; die Fluggäste können auf das Programm keinen Einfluß nehmen

② Jeder Fluggast hat einen individuellen Monitor an seinem Sitzplatz und kann aus einem größeren Angebot auswählen, welche Filme er sehen möchte

46

Um eventuelle Unklarheiten bei der Befragung bereits im Vorfeld auszuräumen, wurden die verschiedenen Ausprägungen - insbesondere der Merkmale *Servicepersonal* und *Sicherheit* - bewußt ausführlich formuliert.

4.2.2 Auswahl des Erhebungsdesigns

Der empirischen Studie dieser Arbeit liegen als Bewertungsfunktion das Teilnutzenwertmodell und als Verknüpfungsregel das linear-additive Verfahren zugrunde. Die Profilmethode wird dann zur Konstruktion der Stimuli empfohlen, wenn maximal sechs Merkmale untersucht werden.[186] Da diese Voraussetzung im Rahmen dieser Arbeit erfüllt war, erschien die Anwendung der Profilmethode angebracht. Aus den fünf Merkmalen mit insgesamt 11 Ausprägungen hätten theoretisch (3x2x2x2x2=) 48 Stimuli konstruiert werden können. Um einer Überforderung der Probanden vorzubeugen, wurde durch die Prozedur ORTHOPLAN des SPSS-Moduls CATEGORIES ein reduziertes Design erstellt.[187] Auf die Verwendung von Holdout-Karten zur Kontrolle der internen Validität wurde verzichtet, um den Probanden die Beurteilungsaufgabe zu erleichtern und infolgedessen einen größeren Stichprobenumfang zu erhalten. Durch die Prozedur PLANCARDS erhielt das reduzierte Design inhaltliche Bedeutung.[188] Ergebnis dieser Prozedur war die Generierung der in Darstellung 12 gezeigten acht Produktkarten.

Bei der Datenerhebung wurden den Probanden allerdings nicht die darstellten Kurzfassungen der Produktkarten vorgelegt, sondern die Formulierung der einzelnen Merkmalsausprägungen erfolgte in Anlehnung an die in Kapitel 4.2.1 gemachten Ausführungen.[189]

---

[186] Vgl. Green/Srinivasan (1990), S. 8 und S. 11.
[187] Vgl. SPSS Inc. (1990), S. B5-B8. Der i.R.d. Arbeit verwendete SPSS-Job ist im Anhang auf S. X aufgeführt.
[188] Vgl. SPSS Inc. (1990), S. B11-B12. Der i.R.d. Arbeit verwendete SPSS-Job befindet sich im Anhang auf S. X.
[189] Die bei der Datenerhebung verwendete Karte Nr. 6 ist exemplarisch im Anhang auf S. XI enthalten.

Karten-Nr. ⟶	1	2	3	4	5	6	7	8
Zwischenlandungen								
0	●	●	●			●		
1					●	●		
2				●				●
Sicherheit								
normal	◆			◆	◆		◆	
hoch		◆	◆			◆		◆
Sitzkomfort								
normal	●					●	●	●
hoch		●	●	●	●			
Servicepersonal								
Dienst nach Vorschrift	◆		◆		◆			◆
Kunde = König		◆		◆		◆	◆	
Bordunterhaltung								
kollektiv	●		●	●		●		
individuell		●			●		●	●

Darstellung 12: Die Produktkarten des reduzierten Untersuchungsdesigns[190]
Quelle: Eigene Darstellung

4.2.3 Erhebung der Daten

Linienflüge, die das Untersuchungsobjekt der empirischen Studie sind, stellen eine Dienstleistung dar, deren Nutzen nicht nur vom Ergebnis, sondern in hohem Maße auch vom Prozeß abhängt. Eine physische Präsentation der Stimuli war deshalb aus Gründen der Wirtschaftlichkeit nicht zu rechtfertigen.[191] Dieses Argument besitzt auch für die visuelle Präsentation Gültigkeit. Aufgrunddessen fiel im Rah-

---

[190] Zur Veranschaulichung: Karte 1 stellt einen fiktiven Linienflug dar, der das Ziel ohne Zwischenlandung erreicht. *Sicherheit* und *Sitzkomfort* bewegen sich im normalen Rahmen, das *Servicepersonal* macht „Dienst nach Vorschrift" und die *Bordunterhaltung* läuft in Form eines kollektiven Gemeinschaftsprogramms ab.

[191] Vgl. hierzu Mengen (1993), S. 88f.

48

men der vorliegenden Arbeit die Entscheidung zugunsten einer verbalen Präsentation der Stimuli unter Zuhilfenahme von Produktkarten.

Die Datenerhebung fand im Februar 1997 im Transitbereich des Flughafens Frankfurt/Main statt, wodurch hohes involvement der Probanden gewährleistet war.[192] Die Umfrageteilnehmer wurden zunächst gebeten, bestimmte Angaben zur Person zu machen. Zum Zwecke einer späteren a-priori-Segmentierung wurden Geschlecht, Alter, ausgeübter Beruf und Fluggewohnheiten erfaßt. Anschließend bekamen die Probanden die acht in Darstellung 12 aufgeführten Produktkarten zur Beurteilung vorgelegt, wobei der Hinweis erfolgte, die auf den Karten beschriebenen Linienflüge als Langstreckenflüge privater Art zu interpretieren und davon auszugehen, daß der Preis bei allen Alternativen identisch sei.

Es wurden drei voneinander unabhängige Datenerhebungen durchgeführt, die sich in der Art der Stimulibewertung unterschieden[193]:

◆ Die Probanden der **Ranking-Gruppe** hatten die Aufgabe, die vorgelegten Karten durch Stapeln in eine Rangfolge zu bringen, die ihre Präferenzen widerspiegelte. Die oberste Karte des Stapels sollte denjenigen Flug beschreiben, der ihnen am meisten zusagte. Nach unten hin sollte die Präferenz stetig abnehmen, so daß schließlich die letzte Karte den am wenigsten präferierten Flug darstellen sollte.

◆ Die Untersuchungsteilnehmer der **Rating-Gruppe** wurden gebeten, die acht Karten auf einer monopolaren - als metrisch interpretierten - Skala von 1 („gefällt mir überhaupt nicht") bis 7 („gefällt mir sehr gut") einzustufen.[194]

◆ Andere potentielle Flugkunden, die der **Mischform-Gruppe** zugeordnet wurden, sollten die Produktkarten ebenfalls auf einer Skala einstufen. Im Gegensatz zur Rating-Gruppe sollte die Einstufung jedoch in Relation zu

---

[192] Zum Begriff des involvement vgl. Trommsdorff (1993), S. 47ff.
[193] Alle in der Hauptuntersuchung verwendeten Fragebögen sind im Anhang auf S. XIIff. enthalten.
[194] Aus Gründen der Übersichtlichkeit wurde für jede Karte eine eigene Skala vorgegeben, wobei alle acht Skalen identisch waren.

einer vorgegebenen Referenzkarte[195] erfolgen. Deshalb wurde eine bipolare Skala[196] verwendet, wobei die Referenzkarte den Nullpunkt repräsentierte. Es waren Einstufungen von -10 („Karte X gefällt mir weitaus weniger als die Referenzkarte") bis +10 („Karte X gefällt mir viel besser als die Referenzkarte") möglich. Im Vorfeld der Datenauswertung wurden die ermittelten Daten vom Verfasser der Arbeit in eine Präferenzrangfolge überführt, die den Einstufungen der Probanden entsprach.

Es wurden Präferenzdaten von insgesamt (3x40=) 120 Personen erhoben. Darstellung 13 zeigt die Zusammensetzung der Stichprobe.

	Ranking	Rating	Mischform	Summe
Geschlecht				
männlich	28	31	31	90
weiblich	12	9	9	30
Alter				
16-25	7	6	4	17
26-35	11	18	21	50
36-45	9	9	8	26
46-55	9	3	5	17
> 55	4	4	2	10
Beruf				
Schüler/Studenten	6	7	5	18
Arbeiter	2	1	0	3
Rentner	2	2	2	6
Angestellte	16	23	27	66
Selbständige	6	5	2	13
Andere	8	2	4	14
Anz. d. Flüge				
0	4	5	6	15
1	15	10	21	46
2	6	8	4	18
> 2	15	17	9	41
Sprache				
deutsch	7	11	6	24
englisch	33	29	34	96

Darstellung 13: Stichprobenzusammensetzung der einzelnen Datenerhebungen
Quelle: Eigene Erhebung

---

[195] Die Referenzkarte wurde so gewählt, daß sie einen möglichst durchschnittlichen Flug darstellte, der sich von sieben der acht zu beurteilenden Flügen in mindestens zwei Merkmalsausprägungen unterschied.
[196] Verschiedene Beispiele für mono- und bipolare Skalen finden sich bei *Berekhofen et al.* Vgl. hierzu Berekhofen et al. (1996), S. 75.

50

Der Anspruch der Repräsentativität kann nicht erhoben werden. Darstellung 13 verdeutlicht jedoch, daß im Vergleich zu vielen Studien, die ausschließlich Studenten als Probanden heranziehen, innerhalb dieser Arbeit eine weitaus heterogenere Stichprobe zustande kam.

Da bei der späteren segmentspezifischen Datenauswertung nicht zu viele kleine Segmente mit geringer Aussagekraft analysiert werden sollen, werden einige Gruppen der Stichprobe zusammengefaßt.[197] Infolgedessen entstehen insgesamt zwölf Segmente, die sich jeweils aus mindestens fünf Versuchspersonen zusammensetzen. Dies entspricht einem Anteil von 12,5% der einzelnen Stichprobengesamtheiten.

4.3 Die Datenauswertung

Im Rahmen der Datenauswertung erfolgt zunächst die Durchführung einer Individualanalyse auf Basis der Präferenzdaten der drei empirischen Erhebungen. Dazu wird die Prozedur CONJOINT[198] des SPSS-Moduls CATEGORIES angewendet. Diese Prozedur ermöglicht die Ermittlung der Teilnutzenwerte der Merkmalsausprägungen bei den einzelnen Probanden. Darüber hinaus können im *subfile summary* des SPSS-Ausgabefensters unmittelbar die durchschnittlichen relativen Wichtigkeiten der einzelnen Merkmale abgelesen werden.[199]

Die im Vorfeld der Aggregation der individuellen Teilnutzenwerte notwendige Normierung führt die SPSS-Software nicht automatisch durch.[200] Sie wird vom Verfasser durch die Eingabe bestimmter COMPUTE-Befehle im SPSS-Syntax-

---

[197] Bei den Variablen Alter werden die Segmente „16-35" sowie „> 46" gebildet, bei der Variablen Anzahl der Flüge die Segmente „höchstens 1" und „mindestens 2". Bei der Variablen Beruf schließlich werden Arbeiter, Rentner und Selbständige dem Segment „Andere" zugeordnet.
[198] Vgl. SPSS Inc. (1990), S. B-15ff. und C-9ff. Die entsprechenden SPSS-Jobs sind im Anhang auf S. XXII aufgeführt.
[199] Zur Ermittlung der durchschnittlichen relativen Wichtigkeiten wendet SPSS die in Kap. 4.1.2 dieser Arbeit aufgeführten Formeln der Darst. 10 an.
[200] Vgl. Backhaus et al. (1996), S. 538.

Fenster erreicht.[201] Im Anschluß daran kann der Durchschnitt der normierten Teilnutzenwerte über alle Probanden mit Hilfe des SPSS-Befehls DESCRIPTIVES[202]
ermittelt werden.

Die Individualanalyse weist zusätzlich für jeden Probanden mit *Pearson's R* und
Kendall's tau zwei Korrelationskoeffizienten aus, die Auskunft darüber geben,
wie gut die empirischen Daten durch die Conjoint-Ergebnisse abgebildet werden.[203] In 84% der Fälle liegen sehr hohe Korrelationen vor, während bei den
restlichen 16% zumindest mittlere bis hohe Korrelationen konstatiert werden können.[204] Infolgedessen muß kein Fragebogen aufgrund unzureichender Korrelationen aus der Untersuchung ausgeschlossen werden.

4.3.1 Betrachtung der Conjoint-Ergebnisse unter methodischen Aspekten

4.3.1.1 Auswirkungen des Erhebungsdesigns auf die Merkmalswichtigkeiten und die Teilnutzenwerte[205]

Im Folgenden wird analysiert, inwiefern sich die unterschiedlichen Datenerhebungsmethoden auf die Ergebnisse der Conjoint-Analyse auswirken. Die Wichtigkeiten der Merkmale und die Teilnutzenwerte ihrer Ausprägungen werden
zunächst einer aggregierten Betrachtung der gesamten Stichprobe unterzogen, ehe
eine segmentspezifische Untersuchung der Ergebnisse erfolgt.

---

[201] Der komplette SPSS-Job befindet sich im Anhang auf S. XXIII. Er basiert auf der in Darst. 9 des Kap. 4.1.2 abgebildeten Normierungsformel.

[202] Vgl. Brosius/Brosius (1995), S. 134; Backhaus et al. (1996), S. 538. Der SPSS-Job, der i.R.d. Arbeit zur Anwendung kommt, ist im Anhang auf S. XXIII aufgeführt.

[203] Lt. *Backhaus et al.* ist *Pearson's R* allerdings nur dann aussagekräftig, wenn bei der Datenerhebung die Präferenzwertmethode (=Rating) angewendet wird. Weniger restriktiv stehen
Bühl/Zöfel der Aussagekraft von *Pearson's R* gegenüber, bezeichnen aber ebenfalls *Kendall's
tau* im Falle ordinalskalierter Daten als die korrektere Maßzahl. Vgl. Backhaus et al. (1996), S. 532; Bühl/Zöfel (1996), S. 150.

[204] Eine sehr hohe Korrelation liegt bei Werten ab 0,9 vor. Werte zwischen 0,5 und 0,7 entsprechen einer mittleren Korrelation. Vgl. Bühl/Zöfel (1995), S. 296. Der niedrigste i.R.d. Arbeit
gemessene Wert für *Pearson's R* beträgt 0,769 - der geringste Wert für *Kendall's tau* liegt bei
0,629.

[205] Ein Hinweis zur Terminologie: Der Einfachheit halber werden im Folgenden die durchschnittlichen relativen Wichtigkeiten der Merkmale als Wichtigkeiten und die durchschnittlichen
normierten Teilnutzenwerte der Ausprägungen als Teilnutzenwerte bezeichnet.

4.3.1.1.1 Aggregierte Betrachtung

Die **Wichtigkeiten** geben Aufschluß darüber, welche Bedeutung die einzelnen Merkmale im Rahmen der Präferenzbildung und des Kaufentscheidungsprozesses besitzen. Darstellung 14 veranschaulicht die Wichtigkeiten für alle drei Datenerhebungsgruppen.

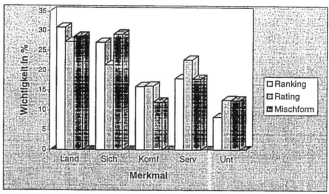

Darstellung 14: Die durchschnittlichen relativen Wichtigkeiten in Abhängigkeit von der Datenerhebungsmethode
Quelle: Eigene Erhebung[206]

Aus Darstellung 14 wird ersichtlich, daß die Wichtigkeiten der Merkmale in Abhängigkeit von der Datenerhebungsmethode teilweise erhebliche Unterschiede aufweisen.

Die Probanden der Ranking-Gruppe messen den *Zwischenlandungen* mit 30,86% die größte Bedeutung bei. Danach folgt die *Sicherheit*, die mit 27,05% als weitaus wichtiger eingestuft wird als die Merkmale *Servicepersonal* (17,93%) und *Sitzkomfort* (15,93%). Die geringste Wichtigkeit besitzt bei dieser Gruppe die *Bordunterhaltung* mit einem Wert von 8,23%.

---

[206] Die Daten, die als Basis zur Erstellung der Schaubilder dieses Kapitels dienten, befinden sich in tabellarischer Form im Anhang auf S. XXIVf.

Bei der Rating-Gruppe ist das Merkmal *Zwischenlandungen* (27,21%) ebenfalls am wichtigsten und die *Bordunterhaltung* spielt mit 12,54% bei der Präferenzbildung die geringste Rolle. Als relativ unbedeutend erweist sich auch der *Sitzkomfort*, dem die Untersuchungsteilnehmer dieser Gruppe mit 16,07% eine ähnliche Wichtigkeit beimessen wie die Probanden der Ranking-Gruppe. Dem Merkmal *Servicepersonal* (22,73%) schenken die Rating-Probanden dagegen - im Gegensatz zu allen anderen Untersuchungsteilnehmern - größere Aufmerksamkeit als der *Sicherheit* (21,45%). Interessant ist ferner die Spannweite zwischen den am extremsten eingestuften Merkmalen.[207] Diese ist bei der Rating-Gruppe mit 14,67% bedeutend geringer als bei der Ranking-Gruppe (22,63%).

Die Probanden der Mischform-Gruppe unterscheiden sich von den restlichen Untersuchuchungsteilnehmern in erster Linie dadurch, daß sie der *Sicherheit* mit 29,14% die größte Bedeutung zuordnen. Knapp dahinter folgen die *Zwischenlandungen* (28,57%) mit großem Abstand vor dem Merkmal *Servicepersonal*, das eine Wichtigkeit von 17,82% besitzt. Die geringste Rolle für die Präferenzbildung der Mischform-Gruppe spielt der *Sitzkomfort* mit 12,03%, dem noch weniger Gewicht beigemessen wird als der *Bordunterhaltung* (12,45%). Auch bei dieser Gruppe ist die Differenz zwischen den am extremsten eingestuften Merkmalen mit 17,11% um einiges geringer als bei der Ranking-Gruppe.

Die bisherigen Ausführungen der aggregierten Betrachtung haben verdeutlicht, daß zwischen den drei Datenerhebungsgruppen sowohl die prozentualen Werte der Merkmalswichtigkeiten als auch deren Reihenfolgen differieren. Am deutlichsten tritt dies bei der *Sicherheit* zutage, der die Mischform-Gruppe eine um 7,69 Prozentpunkte höhere Wichtigkeit zuordnet als die Rating-Gruppe. Das Merkmal *Sitzkomfort* weist bei der Ranking- und der Rating-Gruppe eine ähnliche Bedeutung auf. Gleiches gilt für das *Servicepersonal* bei der Ranking- und der Mischform-Gruppe sowie für die *Bordunterhaltung* bei der Rating- und der Mischform-Gruppe. Bei der jeweils nicht genannten Gruppe weichen die Wichtig-

---

[207] Dabei handelt es sich um das Merkmal, das die größte Wichtigkeit besitzt und um das Merkmal, dem die geringste Wichtigkeit beigemessen wird.

keiten der Merkmale *Sitzkomfort, Servicepersonal* und *Bordunterhaltung* von denen der beiden anderen Gruppen jedoch um vier bis fünf Prozentpunkte ab.

Das Erhebungsdesign scheint durchaus Einfluß auf die Bedeutung, welche die
Merkmale aus Sicht der Probanden besitzen, auszuüben. In den Ergebnisdifferenzen ist bislang jedoch keine Systematik erkennbar. Infolgedessen können auf Basis
der aggregierten Betrachtung der Wichtigkeiten keine Schlußfolgerungen bezüglich der Über- oder Unterlegenheit einer der angewendeten Datenerhebungsmethoden abgeleitet werden.

Aus den durchschnittlichen normierten **Teilnutzenwerten** wird ersichtlich, welchen Beitrag die einzelnen Merkmalsausprägungen zum Gesamtnutzenwert leisten.[208] Ein erster Blick auf die Teilnutzenwerte macht deutlich, daß die
Ausprägung „Hohe Sicherheit" der Ranking-Gruppe mit 0,2456 den höchsten
Teilnutzen stiftet. Dies ist auch bei der Mischform-Gruppe der Fall, die dieser
Ausprägung einen Teilnutzenwert von 0,2544 zuordnet. Bei der Rating-Gruppe
hingegen rangiert „Hohe Sicherheit" mit einem Teilnutzenwert von 0,1894 hinter
den Ausprägungen „Non-Stop-Flug" (0,2097) und „Kunde = König" (0,1908) nur
an dritter Stelle.

Im weiteren Verlauf dieses Kapitels werden die Teilnutzenfunktionen der verschiedenen Merkmale im Einzelnen dargestellt und im Hinblick auf mögliche
Gemeinsamkeiten bzw. Unterschiede zwischen den drei Datenerhebungsgruppen
analysiert.

---

[208] Entsprechend der in Kap. 4.1.2 gemachten Ausführungen ergibt die Summe der Teilnutzenwerte aller Ausprägungen bei jedem Probanden den Wert 1.

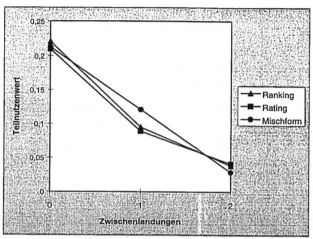

Darstellung 15: Die Teilnutzenfunktion des Merkmals *Zwischenlandungen*
in Abhängigkeit von der Datenerhebungsmethode[209]
Quelle: Eigene Erhebung

Darstellung 15 veranschaulicht, daß die Probanden aller drei Erhebungsgruppen den größten Nutzen aus einem Non-Stop-Flug ziehen, während mit steigender Anzahl von Zwischenlandungen der Teilnutzenwert der Merkmalsausprägungen abnimmt.

Die Teilnutzenwerte der Ranking- und der Rating-Gruppe differieren nur unwesentlich. Interessant ist dagegen der Verlauf der Teilnutzenfunktion der Mischform-Gruppe. Die Untersuchungsteilnehmer dieser Gruppe ordnen der Ausprägung „Eine Zwischenlandung" mit 0,1209 einen weitaus höheren Teilnutzenwert zu als die Probanden der beiden anderen Gruppen (Ranking: 0,0950; Rating: 0,0890). Aufgrunddessen verläuft ihre Teilnutzenfunktion annähernd linear. Dies bedeutet, daß sie bei einem Flug mit einer Zwischenlandung im Vergleich zu einem Non-Stop-Flug ungefähr die gleiche Nutzenminderung verspüren, wie bei einem Flug mit zwei Zwischenlandungen im Vergleich zu einem Flug mit nur einer Zwischenlandung.

---

[209] In der Literatur hat sich die Konvention durchgesetzt, die Teilnutzenwerte der Merkmalsausprägungen zu verbinden. Im mathematischen Sinne dürfen die Teilnutzenfunktionen jedoch nicht als stetig interpretiert werden.

Demgegenüber ist für die Probanden der Ranking- und der Rating-Gruppe in erster Linie entscheidend, ob überhaupt Zwischenlandungen stattfinden. Die genaue Anzahl der Zwischenlandungen übt einen vergleichsweise geringen Einfluß auf ihre Nutzenwahrnehmung aus.

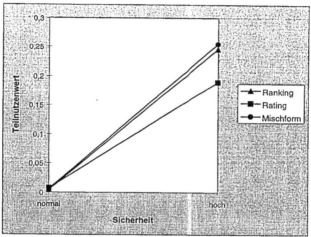

Darstellung 16: Die Teilnutzenfunktion des Merkmals *Sicherheit* in Abhängigkeit von der Datenerhebungsmethode
Quelle: Eigene Erhebung

Aus Darstellung 16 wird ersichtlich, daß der Teilnutzen normaler Sicherheit gegen den Wert 0 tendiert. Dieser Sachverhalt tritt unabhängig von der Datenerhebungsmethode auf. Desweiteren sind alle drei Teilnutzenfunktionen durch einen steil ansteigenden Verlauf gekennzeichnet.

Die Teilnutzenfunktionen der Ranking- (normal: 0,0043; hoch: 0,2456) und der Mischform-Gruppe (normal: 0,0058; hoch: 0,2544) weisen nur minimale Unterschiede auf. Die Teilnutzenfunktion der Rating-Gruppe verläuft dagegen wesentlich flacher, was durch den geringen Teilnutzenwert der Ausprägung „Hohe Sicherheit" (0,1894) bei dieser Gruppe bedingt ist. Von allen elf Ausprägungen der empirischen Untersuchung ist „Hohe Sicherheit" diejenige, bei der die größte Differenz zwischen den Teilnutzenwerten zweier Datenerhebungsgruppen besteht.[210]

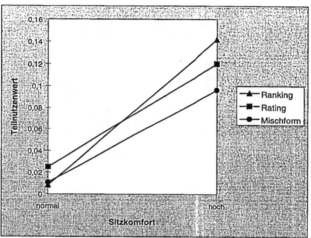

Darstellung 17: Die Teilnutzenfunktion des Merkmals *Sitzkomfort* in Abhängigkeit von der Datenerhebungsmethode
Quelle: Eigene Erhebung

Bei der Ausprägung „Normaler Sitzkomfort" besteht zwischen den Teilnutzenwerten der Ranking- (0,0081) und der Mischform-Gruppe (0,0106) nur eine geringe Diskrepanz. Im Gegensatz dazu ordnen die Probanden der Rating-Gruppe dieser Ausprägung mit 0,0251 einen mehr als doppelt so hohen Teilnutzenwert zu. Der Teilnutzenwert der Ausprägung „Hoher Sitzkomfort" variiert zwischen 0,0961 bei der Mischform- und 0,1418 bei der Ranking-Gruppe. Bei der Rating-Gruppe beträgt dieser Wert 0,1201. Die Folge ist ein nahezu paralleler Verlauf der Teilnutzenfunktionen der Rating- und der Mischform-Gruppe, wobei Erstere aufgrund der höheren Teilnutzenwerte bei beiden Ausprägungen des Merkmals *Sicherheit* oberhalb der Funktion der Mischform-Gruppe verläuft. Im Vergleich zu den anderen Untersuchungsteilnehmern weisen die Probanden der Ranking-Gruppe der

---

[210] Diese Differenz beträgt 0,0650 ($TNW_{Mischform}$ - TNW_{Rating}).

58

Ausprägung „Normaler Sitzkomfort" einen geringeren und der Ausprägung „Hoher Sitzkomfort" einen höheren Teilnutzenwert zu. Aufgrunddessen ist die Ranking-Teilnutzenfunktion durch den steilsten Verlauf gekennzeichnet und schneidet die beiden anderen dargestellten Funktionen.

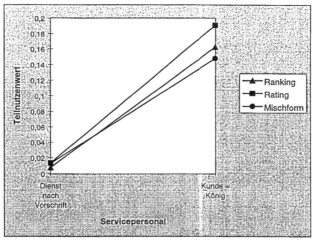

Darstellung 18: Die Teilnutzenfunktion des Merkmals *Servicepersonal* in Abhängigkeit von der Datenerhebungsmethode
Quelle: Eigene Erhebung

Unabhängig von der Datenerhebungsmethode kann folgender Sachverhalt festgehalten werden: Je freundlicher und zuvorkommender die Fluggäste vom Boden- und Luftpersonal behandelt werden, desto größer ist der Teilnutzen, den das Merkmal *Servicepersonal* den Probanden stiftet.

Der Teilnutzenwert der Ausprägung „Dienst nach Vorschrift" ist bei der Ranking-Gruppe mit 0,0077 nur unwesentlich geringer als bei der Rating- (0,0134) und der Mischform-Gruppe (0,0128). Auffälliger sind die Differenzen in den Teilnutzenwerten der Ausprägung „Kunde = König": Sie bewegen sich zwischen 0,1478 (Mischform) und 0,1908 (Rating). Der entsprechende Wert der Ranking-Gruppe tendiert mit 0,1624 näher zum Wert der Mischform-Gruppe. Die Teilnutzenfunktionen der Ranking- und der Mischform-Gruppe schneiden sich, sind aber dennoch durch einen relativ ähnlichen Verlauf gekennzeichnet. Die Funktion der Rating-Gruppe weicht dagegen aufgrund des hohen Teilnutzenwertes, welcher der Ausprägung „Kunde = König" zugeordnet wird, deutlich von den beiden anderen dargestellten Funktionen ab.

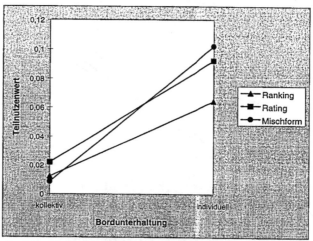

Darstellung 19: Die Teilnutzenfunktion des Merkmals *Bordunterhaltung* in Abhängigkeit von der Datenerhebungsmethode
Quelle: Eigene Erhebung

Darstellung 19 veranschaulicht, daß bei der Mischform-Gruppe die größte Differenz zwischen den Teilnutzenwerten beider Ausprägungen besteht (kollektiv: 0,0085; individuell: 0,1020). Infolgedessen ist die Teilnutzenfunktion dieser Gruppe auch durch einen steilen Verlauf charakterisiert. Im Vergleich dazu verläuft insbesondere die Teilnutzenfunktion der Ranking-Gruppe relativ flach. Ferner ist der weitaus geringere Teilnutzen augenfällig, den die individuelle Bordunterhaltung den Probanden der Ranking-Gruppe mit 0,0642 im Vergleich zu beiden anderen Gruppen (Rating: 0,0922; Mischform: 0,1020) stiftet.

60

Eine Gegenüberstellung der Teilnutzenfunktionen der Merkmale *Bordunterhaltung* und *Sitzkomfort*, offenbart interessante Übereinstimmungen. Abgesehen von der unterschiedlichen Skalierung der y-Achse[211] unterscheiden sich die Darstellungen 17 und 19 lediglich durch eine „Vertauschung" der Ranking- und Mischform-Teilnutzenfunktion voneinander.[212]

Die bisherigen Ausführungen haben deutlich werden lassen, daß die aggregierten Conjoint-Ergebnisse in Abhängigkeit von der gewählten Datenerhebungsmethode teilweise erhebliche Unterschiede aufweisen. Im nächsten Abschnitt erfolgt eine segmentspezifische Analyse. Dabei soll festgestellt werden, ob die genannten Unterschiede möglicherweise bei einzelnen Personengruppen in verstärktem Maße auftreten.

4.3.1.1.2 Segmentspezifische Betrachtung

Als Segmentierungskriterien werden bestimmte sozio-demographische Variablen herangezogen, die vom Verfasser a-priori festgelegt und im Rahmen der Probandenbefragung ermittelt wurden. Im Einzelnen handelt es sich bei diesen Variablen um Geschlecht (männlich; weiblich), Alter (16-35; 36-45; >45) und ausgeübten Beruf (Schüler/Student; Angestellte; Andere) der Untersuchungsteilnehmer sowie um die Anzahl der von ihnen pro Jahr durchschnittlich unternommenen privaten Linienflüge (höchstens 1; mindestens 2). Eine weitere Segmentierung erfolgt in Abhängigkeit von der Tatsache, ob die Datenerhebung in deutscher oder englischer Sprache stattfand.[213]

Wie bei der aggregierten Betrachtung des Kapitels 4.3.1.1.1, wird auch bei der segmentspezifischen Betrachtung der Einfluß des Datenerhebungsdesigns auf die

---

[211] Der Grund hierfür ist in dem Umstand zu sehen, daß den Ausprägungen des Merkmals *Sitzkomfort* höhere Teilnutzenwerte zugeordnet werden als denen des *Bordunterhaltung*.
[212] M.a.W.: Die Ranking-Teilnutzenfunktion des Merkmals *Sitzkomfort* weist einen ähnlichen Verlauf wie die Mischform-Teilnutzenfunktion des Merkmals *Bordunterhaltung* auf et vice versa.
[213] Bei den deutschsprachigen Probanden handelt es sich um deutsche, schweizer, österreichische, dänische und niederländische Staatsangehörige. Die englischsprachigen Untersuchungsteilnehmer sind fast ausschließlich nordamerikanischer und asiatischer Herkunft.

durchschnittlichen relativen Wichtigkeiten und auf die durchschnittlichen normierten Teilnutzenwerte analysiert:

- Wichtigkeiten

    Die absoluten Prozentzahlen der Merkmalswichtigkeiten unterscheiden sich bei
    vielen Segmenten in Abhängigkeit von der gewählten Datenerhebungsmethode,
    was im Folgenden anhand einiger Beispiele belegt wird:

    Dem Merkmal *Sicherheit* wird von den **Anderen** der Mischform-Gruppe eine
    Wichtigkeit von 44,22% beigemessen, während sich der entsprechende Wert
    beim selben Segment der Rating-Gruppe lediglich auf 24,33% beläuft. Bei den
    Angestellten beträgt die Wichtigkeit der *Zwischenlandungen* zwischen 25,83%
    (Rating) und 42,79% (Ranking). Beim Segment der **36-45-jährigen** können die
    größten Unterschiede bei der *Sicherheit* konstatiert werden (Ranking: 21,25%;
    Mischform: 34,46%), während bei den **Vielfliegern**[214] vor allem die divergie-
    renden Werte des Merkmals *Servicepersonal* (Rating: 24,32%; Mischform:
    12,09%) augenscheinlich sind. Für die **Frauen** der Rating-Gruppe besitzt der
    Sitzkomfort im Rahmen des Präferenzbildungsprozesses eine Bedeutung von
    19,32%. Demgegenüber beläuft sich der entsprechende Wert bei der Misch-
    form-Gruppe lediglich auf 8,92%.

    Andererseits sind aber auch zahlreiche Übereinstimmungen festzustellen:

    Das Segment der **16-35-jährigen** ordnet der *Bordunterhaltung* eine Bedeutung
    von 11,74% bei der Rating- und 11,94% bei der Mischform-Gruppe zu. Sowohl
    die **Anderen** der Ranking- als auch der Mischform-Gruppe stufen das Merkmal
    Zwischenlandungen mit exakt der gleichen Wichtigkeit ein (18,09%) und beim
    Segment der **Seltenflieger** bewegt sich die Bedeutung der *Zwischenlandungen*
    bei allen drei Datenerhebungsmethoden innerhalb einer Bandbreite von ledig-
    lich 1,5% (Ranking: 26,76%; Rating: 28,01%; Mischform: 28,19%). Die glei-
    che Bandbreite kann für das Merkmal *Sitzkomfort* auch beim Segment der

---

[214] Dabei handelt es sich um Probanden, die angaben, durchschnittlich mehr als zwei private Linienflüge pro Jahr zu unternehmen. Die restlichen Untersuchungsteilnehmer werden im Folgenden als Seltenflieger bezeichnet.

Vielflieger konstatiert werden, bei dem sich Werte zwischen 14,76% (Mischform) und 16,25% (Ranking) ergeben. Dem *Servicepersonal* wird von den **Männern** der Ranking-Gruppe mit 16,98% eine ähnliche Wichtigkeit beigemessen wie von denen der Mischform-Gruppe (16,50 %).[215]

Die Betrachtung der prozentualen Wichtigkeiten hat einige bemerkenswerte Sachverhalte offenbart. In der Praxis spielen die genauen Prozentzahlen jedoch oftmals nur eine untergeordnete Rolle. Entscheidend ist vielmehr die Reihenfolge der Merkmalswichtigkeiten, die Darstellung 20 aufzeigt.

	Land	Sich	Komf	Serv	Unt
männlich	1-1-1	2-3-2	4-4-4	3-2-3	5-5-5
weiblich	2-1-2	1-2-1	4-3-5	3-4-3	5-5-4
16-35	1-1-1	2-3-2	3-4-5	4-2-3	5-5-4
36-45	1-1-2	2-2-1	4-4-5	3-3-4	5-5-3
>45	2-2-2	1-1-1	4-5-3	3-3-4	5-4-5
Schüler/Studenten	1-1-1	2-2-2	3-3-4	4-4-3	5-5-5
Angestellte	1-2-1	2-3-2	4-4-5	3-1-3	5-5-4
Andere	4-1-3	2-1-2	3-4-5	2-3-2	5-5-4
höchstens 1	2-1-2	1-2-1	4-4-5	3-3-3	5-5-4
mindestens 2	1-1-1	2-3-2	4-5-3	3-2-5	5-4-4
deutsch	1-1-3	2-2-1	5-3-5	3-4-2	4-5-4
englisch	1-1-1	2-3-2	4-4-4	3-2-3	5-5-5

Darstellung 20: Die Reihenfolge der durchschnittlichen relativen Wichtigkeiten in Abhängigkeit von der Datenerhebungsmethode[216]
Quelle: Eigene Erhebung

Wie Darstellung 20 zeigt, variieren die Reihenfolgen der Wichtigkeiten in Abhängigkeit vom Befragungsdesign bei den Segmenten der **Männer**, der **Schüler/Studenten** sowie der **englischsprachigen** Probanden nur unwesentlich. Relativ gute Übereinstimmungen werden auch bei den **über 45-jährigen** und den **Vielfliegern** erzielt. Bei den restlichen Segmenten - insbesondere bei den

---

[215] Auf die Nennung weiterer Beispiele wird an dieser Stelle verzichtet. Stattdessen erfolgt ein Verweis auf den Anhang. Dieser enthält auf S. XXIV eine Tabelle, die Aufschluß über sämtliche Wichtigkeiten gibt, welche die einzelnen Segmente den verschiedenen Merkmalen bei den jeweiligen Datenerhebungsmethoden beimessen.

[216] Die erste Zahl in jeder Spalte steht für den bei der Ranking-Gruppe belegten Wichtigkeits-Rang, die zweite Zahl für den Rang bei der Rating- und die dritte Zahl für den Rang bei der Mischform-Gruppe. Ein Beispiel zur Verdeulichung: Beim Segment der Schüler/Studenten sind sowohl bei der Ranking- als auch bei der Rating-Gruppe die *Zwischenlandungen* das wichtigste Merkmal, gefolgt von *Sicherheit, Sitzkomfort, Servicepersonal* und *Bordunterhaltung*.

Anderen - beeinflußt die Methodik der Datenerhebung jedoch sehr stark die aus den Präferenzdaten resultierende Reihenfolge der Merkmalswichtigkeiten.

- Teilnutzenwerte

Im Folgenden werden exemplarisch einige segmentspezifische Auswirkungen der Datenerhebungsmethode auf die Teilnutzenwerte einzelner Merkmalsausprägungen aufgezeigt. Besondere Aufmerksamkeit wird in diesem Zusammenhang dem Merkmal *Zwischenlandungen* gewidmet.[217]

Beim Segment der **englischsprachigen** Probanden weichen die Teilnutzenwerte für alle drei Ausprägungen des Merkmals *Zwischenlandungen* bei der Ranking- (0,2078 - 0,0994 - 0,0376) sowie der Rating-Gruppe (0,2005 - 0,0961 - 0,0358) nur unwesentlich voneinander ab. Teilnutzenwerte, die nur in geringem Maße divergieren, ergeben sich darüber hinaus für die Ausprägung „Zwei Zwischenlandungen" beim Segment der **16-35-jährigen** (Ranking: 0,0303; Rating: 0,0294; Mischform: 0,0319). Gleiches gilt für die Ausprägung „Non-Stop-Flug" bei den **Schülern/Studenten** (Ranking: 0,2990; Mischform: 0,2932) und bei den **Seltenfliegern** (Rating: 0,2261; Mischform: 0,2235).

Die größten Unterschiede treten beim **deutschsprachigen** Segment auf. Die Probanden der Ranking-Gruppe ziehen aus einem Non-Stop-Flug einen Teilnutzen von 0,2801. Bei der Mischform-Gruppe beträgt der Teilnutzenwert dieser Ausprägung dagegen lediglich 0,1487. Stark unterschiedliche Teilnutzen stiftet ein Non-Stop-Flug auch den **36-45-jährigen** der Ranking- (0,2664) im Vergleich zur Mischform-Gruppe (0,1726). Ähnliche Unterschiede tauchen beim Segment der **Angestellten** auf (Ranking: 0,2838 ↔ Rating: 0,1971; Mischform: 0,2123).

Die Probanden der Rating-Gruppe weisen der Ausprägung „Hohe Sicherheit" auffällige Teilnutzenwerte zu. Sie sind bei fast allen Segmenten geringer als

---

[217] Anhand der Tabellen, die im Anhang auf S. XXV aufgeführt sind, können interessierte Leser für sämtliche Segmente die Auswirkungen des Datenerhebungsdesigns auf die verschiedenen Teilnutzenwerte nachvollziehen

64

die entsprechenden Werte der Ranking- und der Mischform-Gruppe. Bei der
Ausprägung „Normaler Sitzkomfort" ist das Gegenteil der Fall.

Auch die Merkmale *Servicepersonal* und *Bordunterhaltung* weisen je nach Art
der angewendeten Datenerhebungsmethode sowohl Übereinstimmungen als
auch Divergenzen in den Teilnutzenwerten auf. Die **16-35-jährigen** der
Rating-Gruppe ordnen den Ausprägungen der *Bordunterhaltung* mit 0,0109
(kollektiv) bzw. 0,0947 (individuell) ähnliche Teilnutzenwerte zu wie ihre Al-
tersgenossen der Mischform-Gruppe (kollektiv: 0,0124; individuell: 0,0926).
Deutliche Unterschiede offenbaren sich dagegen beim Segment der **Deutschsprachigen**: Während den Probanden der Rating-Gruppe kollektives (0,0485)
und individuelles Programm (0,0487) nahezu den gleichen Teilnutzen stiften,
betragen die entsprechenden Teilnutzenwerte bei der Mischform-Gruppe
0,0000 (kollektiv) bzw. 0,1502 (individuell).

4.3.1.2 Ergebnisse einer Marktsimulation

Die bisherigen Ausführungen legen die Schlußfolgerung nahe, daß die im Rahmen
der Datenerhebung angewendete Methode Einfluß auf die Wichtigkeiten der
Merkmale und auf die Teilnutzenwerte der einzelnen Ausprägungen ausübt. Mit
Hilfe einer Marktsimulation soll im Folgenden gezeigt werden, wie sich dieser
Sachverhalt auf den Prozeß der betrieblichen Entscheidungsfindung auswirkt und
welche Konsequenzen daraus entstehen können.

Prinzipiell stehen zwei Möglichkeiten offen, das Kaufverhalten der Probanden zu
simulieren.[218] Die *maximum utility choice-Regel* unterstellt, daß sich jede Aus-
kunftsperson für den Kauf des Produktes mit dem höchsten Gesamtnutzenwert
entscheidet (Kaufwahrscheinlichkeit = 100%). Dabei ist ausschließlich die Höhe
des Gesamtnutzenwertes relevant. Allen unterlegenen Produkten wird eine Kaufwahrscheinlichkeit von 0% eingeräumt - unabhängig davon, um wieviel der je-

---

[218] Vgl. zum Folgenden Bauer et al. (1994), S. 84; Mengen (1993), S. 101f.; Green/Srinivasan
(1990), S. 14.

weilige Gesamtnutzenwert geringer ist als der entsprechende Wert des „besten"
Produktes. Der simulierte Marktanteil eines Produktes kann durch Bildung des
Mittelwertes der Kaufwahrscheinlichkeiten über alle Probanden ermittelt werden.

Bei der *Bradley Terry Luce-Regel* spielt nicht nur die absolute Höhe der Gesamtnutzenwerte der verschiedenen Produkte eine Rolle, sondern es ist auch von Bedeutung, in welcher Relation sie zueinander stehen. Durch Division des
Gesamtnutzenwertes eines bestimmten Produktes durch die Summe der Gesamtnutzenwerte aller Produktalternativen kann für jeden Probanden die Kaufwahrscheinlichkeit dieses Produktes ermittelt werden. Der simulierte Marktanteil eines
Produktes ergibt sich auch bei dieser Regel durch Bildung des Durchschnitts der
Kaufwahrscheinlichkeiten über alle Befragten. Während die *maximum utility
choice-Regel* dem Prinzip der Mehrheitswahl entspricht, folgt die *Bradley Terry
Luce-Regel* dem Grundgedanken des Verhältniswahlrechts.[219]

In Darstellung 21 sind die mathematischen Formeln beider Regeln zur Ermittlung
der simulierten Marktanteile aufgeführt.

$$(1) \ M_j = \frac{1}{I} \bullet \sum_{i=1}^{I} W_{ij}$$

(1a) *muc-Regel*: W_{ij} : $\begin{cases} 1 \text{ falls beim Probanden } i \text{ das Produkt } j \text{ den höchsten GNW aufweist} \\ 0 \text{ sonst} \end{cases}$

(1b) *BTL-Regel*: $W_{ij} = \dfrac{GNW_{ij}}{\sum\limits_{j=1}^{J} GNW_{ij}}$

mit M_j : simulierter Marktanteil des Produkts j
W_{ij} : Wahrscheinlichkeit, daß Proband i das Produkt j käuflich erwirbt
GNW_{ij} : Gesamtnutzenwert des Produkts j beim Probanden i
J : Anzahl der Produkte
I : Anzahl der Probanden

Darstellung 21: Formeln zur Bestimmung der simulierten Marktanteile
Quelle: eigene Darstellung

[219] Letzteres bildet auch die Basis der *logit*-Regel, die sich aber dennoch in der Berechnung der Kaufwahrscheinlichkeiten von der *Bradley Terry Luce*-Regel unterscheidet. Vgl. Backhaus et al. (1996), S. 536f.

66

Unabhängig von der gewählten Simulationsregel ist zu beachten, daß Marktsimulationen grundsätzlich kein exaktes Abbild der Wirklichkeit darstellen, da sie auf einer Reihe restriktiver Annahmen basieren.[220]

Bei der folgenden Marktsimulation kommt aufgrund ihrer einfachen Struktur die *maximum utility choice-Regel* zur Anwendung. Sie weist zwar einen geringeren Realitätsbezug auf als die *Bradley Terry Luce-Regel* - im Rahmen der methodischen Betrachtung ist dies jedoch nicht von Bedeutung. Betrachtungsobjekt der Marktsimulation ist ein fiktiver Langstreckenflug vom Abflugort X zum Zielort Y. Es wird die Annahme getroffen, daß nur vier Linienfluggesellschaften (A, B, C, D) auf dieser Strecke miteinander konkurrieren. Für die Kaufentscheidung der Nachfrager seien ausschließlich die in der empirischen Untersuchung dieser Arbeit betrachteten Merkmale und Ausprägungen relevant.[221] Eine Charakterisierung der Flüge der verschiedenen Anbieter kann Darstellung 22 entnommen werden.

Anbieter A	Anbieter B
Eine Zwischenlandung Hohe Sicherheit Normaler Sitzkomfort Dienst nach Vorschrift Individuelle Unterhaltung	Non-Stop-Flug Normale Sicherheit Normaler Sitzkomfort Kunde = König Kollektive Unterhaltung
Anbieter C	Anbieter D
Eine Zwischenlandung Normale Sicherheit Hoher Sitzkomfort Kunde = König Kollektive Unterhaltung	Zwei Zwischenlandungen Normale Sicherheit Hoher Sitzkomfort Dienst nach Vorschrift Individuelle Unterhaltung

Darstellung 22: Das Angebotsprofil der Marktsimulation
Quelle: Eigene Darstellung

Unter Anwendung der *maximum utility choice-Regel* lassen sich auf Basis der individuellen normierten Teilnutzenwerte die in Darstellung 23 aufgeführten Marktanteile ableiten.

---

[220] Vgl. Mengen (1993), S. 103; Stadtler (1993), S. 38.
[221] Aufgrund des Fehlens des Merkmals *Preis* ist diese Annahme nicht realistisch. Dies spielt aber im Folgenden keine Rolle, da i.R.d. Marktsimulation ausschließlich auf methodische Sachverhalte eingegangen wird.

	Ranking	Rating	Mischform
Anbieter A	32,50% (2)	28,33% (2)	55,83% (1)
Anbieter B	37,50% (1)	40,83% (1)	23,33% (2)
Anbieter C	25,00% (3)	22,08% (3)	17,50% (3)
Anbieter D	5,00% (4)	8,75% (4)	3,33% (4)

Darstellung 23: Die simulierten Marktanteile in Abhängigkeit von der Erhebungsmethode
Quelle: Eigene Erhebung

Darstellung 23 veranschaulicht, daß die auf unterschiedlichen Datenerhebungsmethoden basierenden simulierten Marktanteile zum Teil erheblich differieren. Am deutlichsten wird dies bei den Anbietern A und B. Sowohl bei der Ranking- als auch bei der Rating-Gruppe erweist sich B als Marktführer, wobei der Vorsprung vor dem zweitstärksten Konkurrenten beim Rating mit 12,50 Prozentpunkten allerdings mehr als doppelt so hoch ist wie beim Ranking (5,00 Prozentpunkte). Dies könnte das Marketingmanagement dazu veranlassen, Maßnahmen zur Sicherung bzw. zum Ausbau der (vermeintlichen) Marktführerschaft zu ergreifen. Gemessen an den Marktanteilen, die auf den Daten der Mischform-Gruppe basieren, könnten diese Maßnahmen unter Umständen fatale Konsequenzen nach sich ziehen. Entsprechend der Mischform-Ergebnisse ist Anbieter B nämlich keineswegs Marktführer. Er befindet sich mit einem Marktanteil von 23,33% vielmehr hinter dem dominierenden Anbieter A (55,83%) nur auf dem zweiten Rang und muß sich darüber hinaus noch der Konkurrenz des Anbieters C erwehren, der einen Marktanteil von 17,50% aufweist.

Im Folgenden wird das Augenmerk auf Anbieter D gelegt, der bei allen drei Datenerhebungsmethoden den mit Abstand geringsten Marktanteil besitzt. Zur Steigerung dieses Anteils wird die Durchführung einer der beiden folgenden Maßnahmen geplant:

I. **Gezielte Schulung des Boden- und Luftpersonals** dahingehend, sich im Umgang mit Fluggästen besonders freundlich und zuvorkommend zu verhalten (Dienst nach Vorschrift ⟶ Kunde = König)

II. Abschaffung der beiden Zwischenlandungen

(Zwei Zwischenlandungen ⟶ Non-Stop-Flug)

Eine Marktsimulation soll klären, welche Alternative im Hinblick auf die Erzielung eines möglichst hohen Marktanteils für Anbieter D die günstigere ist. Die Simulation erfolgt unter der Annahme, daß die anderen Airlines keine Veränderungen an den von ihnen angebotenen Flügen vornehmen. Die Auswirkungen der beiden alternativen Maßnahmen auf die Marktanteile sämtlicher Anbieter können Darstellung 24 entnommen werden.

Maßnahme I	Ranking	Rating	Mischform
Anbieter A	30,00% (1)	18,33% (3)	50,00% (1)
Anbieter B	30,00% (1)	35,83% (1)	20,00% (2)
Anbieter C	16,25% (4)	12,08% (4)	11,25% (4)
Anbieter D	23,75% (3)	33,75% (2)	18,75% (3)
Maßnahme II	Ranking	Rating	Mischform
Anbieter A	32,50% (1)	25,43% (2)	48,75% (1)
Anbieter B	17,50% (4)	34,78% (1)	13,75% (4)
Anbieter C	25,00% (2)	17,93% (4)	16,25% (3)
Anbieter D	25,00% (2)	21,88% (3)	21,25% (2)

Darstellung 24: Die veränderten Marktanteile der Simulation in Abhängigkeit von der Erhebungsmethode
Quelle: Eigene Erhebung

Auf die Auswirkungen, die sich durch die Maßnahmen des Anbieters D für die Marktanteile der anderen Anbieter ergeben, wird an dieser Stelle nicht näher eingegangen, da ausschließlich die Marktanteilsveränderungen des Anbieters D im Mittelpunkt der Betrachtung stehen. Die Ergebnisse der Marktsimulation zeigen, daß sowohl Investitionen in das Servicepersonal als auch die Abschaffung der Zwischenlandungen geeignet sind, um den Marktanteil von D zu erhöhen. Eine Marktanteilssteigerung kann bei allen drei Datenerhebungsmethoden beobachtet werden. Auch der Abstand zum Marktführer wird unabhängig von der Erhebungsmethode durch beide Maßnahmen verringert. Unterschiede sind jedoch in der Effektivität der Maßnahmen festzustellen.

Nach der Durchführung der Maßnahme I bewegt sich der Marktanteil des Anbieters D zwischen 18,75% bei der Mischform- und 33,75% bei der Rating-Gruppe. Bei Letzterer ist ferner der Rückstand zum Marktführer mit 2,08 Prozentpunkten äußerst gering. Dieser Rückstand beträgt bei der Ranking-Gruppe 6,25 Prozentpunkte. Bei der Mischform-Gruppe ist er mit 31,25 Prozentpunkten erheblich größer.

Maßnahme II führt bei sämtlichen Erhebungsmethoden zu relativ ähnlichen Marktanteilen des Anbieters D. Diese bewegen sich innerhalb einer Bandbreite von 3,75%. Die Rückstände zum Marktführer divergieren jedoch - ebenso wie bei Maßnahme I - erheblich. Bei der Ranking-Gruppe kann ein Rückstand von 7,5 Prozentpunkten konstatiert werden, während er sich bei der Mischform-Gruppe auf 27,5 Prozentpunkte beläuft.

Beide Maßnahmen haben sich im Hinblick auf eine Marktanteilssteigerung als sinnvoll erwiesen. Entscheidend für den Anbieter D ist nun, welche der beiden Maßnahmen im Hinblick auf eine Marktanteilssteigerung die geeignetere ist. Eine eindeutige Antwort auf diese Frage läßt sich aus der Marktsimulation nicht ableiten. Die Ergebnisse der Ranking-Gruppe legen den Schluß nahe, Maßnahme II (+20,00%) führe zu einer größeren Martanteilssteigerung als Maßnahme I (+18,75%). Dies wird durch die Ergebnisse der Mischform-Gruppe bestätigt, bei der sich aus der Abschaffung der Zwischenlandungen ein um 2,5 Prozentpunkte höherer Marktanteil ergibt als durch die Schulung des Personals. Aufgrund der simulierten Marktanteile der Rating-Gruppe wäre hingegen Maßnahme I der Vorzug zu geben, da der dadurch zu erzielende Marktanteil von 33,75% beträchtlich höher ist als der aus Maßnahme II resultierende Marktanteil (21,88%).

Bei der spezifischen Frage nach der Effektivität der beiden alternativen Maßnahmen aus Sicht des Anbieters D, führen die Präferenzdaten der Rating-Gruppe zu einem anderen Ergebnis als diejenigen der Ranking- und der Mischform-Gruppe.

Dies ist ein Beleg dafür, daß die Ergebnisse der Marktsimulation durch das Datenerhebungsdesign beeinflußt werden. Die induktive Folgerung, Rating sei den beiden anderen Erhebungsmethoden grundsätzlich unterlegen, darf daraus jedoch nicht abgeleitet werden. Es kann lediglich konstatiert werden, daß das Marketingmanagement des Anbieters D aufgrund der simulierten Marktanteile der Rating-Gruppe in der konkreten Situation andere Schlußfolgerungen zöge als auf Basis der Ergebnisse der beiden anderen Gruppen.

4.3.1.3 Implikationen der empirischen Untersuchung bezüglich des Datenerhebungsdesigns

Letztendlich läßt die Analyse der Conjoint-Ergebnisse keine eindeutigen Rückschlüsse auf den Einfluß des Datenerhebungsdesigns zu. Es ist vielmehr so, daß zum einen Übereinstimmungen in den Wichtigkeiten und Teilnutzenwerten, andererseits aber auch vielfach Unterschiede festgestellt werden konnten. Sowohl die Ähnlichkeiten als auch die Divergenzen treten über alle drei Datenerhebungsmethoden hinweg auf, ohne daß eine Systematik zu erkennen ist. Keine der angewendeten Erhebungsmethoden hat zu Ergebnissen geführt, die von den Werten *beider* anderer Methoden signifikant abweichen. Es ist daher weder möglich, von der Anwendung einer Datenerhebungsmethode abzuraten, noch können konkrete Empfehlungen für die Gestaltung des Datenerhebungsdesigns abgeleitet werden. Die empirische Untersuchung dieser Arbeit legt den Schluß nahe, daß das Datenerhebungsdesign Einfluß auf die Ergebnisse von Conjoint-Analysen ausübt. Eine differenzierte Beschreibung dieses Einflusses kann auf Basis der vorliegenden Präferenzdaten allerdings nicht erfolgen.

4.3.2 Auswertung der Conjoint-Ergebnisse unter inhaltlichen Aspekten

Im Rahmen der folgenden Betrachtung werden die (durchschnittlichen relativen) Wichtigkeiten und die (mittleren normierten) Teilnutzenwerte der Probanden dargestellt und unter inhaltlichen Gesichtspunkten interpretiert. Da die unterschiedli-

chen Datenerhebungsmethoden dabei keine Rolle spielen, werden die drei Daten-
sätze zusammengefaßt. Zunächst erfolgt die Ermittlung der Wichtigkeiten der einzelnen Merkmale durch Bildung des Mittelwertes der individuellen relativen
Wichtigkeiten über alle 120 Untersuchungsteilnehmer. Aufgrund der durchgeführten Normierung der individuellen Teilnutzenwerte kann das Verfahren der Durch-
schnittsbildung ebenfalls angewendet werden, um die Teilnutzenwerte der
Stichprobengesamtheit zu errechnen. Dem Überblick über die Präferenzen der
Grundgesamtheit schließt sich in Kapitel 4.3.2.2 eine Betrachtung spezifischer a-
priori festgelegter Segmente an.

4.3.2.1 Überblick über die Präferenzen der Grundgesamtheit

Anhand der Merkmalswichtigkeiten der Stichprobengesamtheit wird ersichtlich,
welche Bedeutung die Probanden den untersuchten Linienflug-Merkmalen im
Rahmen des Präferenzbildungsprozesses beimessen. Gleichzeitig geben sie Aufschluß darüber, auf welche Merkmale das Marketingmanagement einer Linienfluggesellschaft besonderes Augenmerk legen sollte, wenn es die Präferenzen der
Nachfrager zugunsten des eigenen Dienstleistungsangebots verändern möchte. Die
Wichtigkeiten aller fünf Merkmale veranschaulicht Darstellung 25.

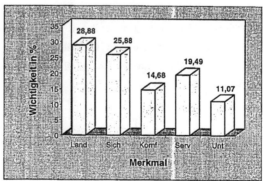

Darstellung 25: Die Merkmalswichtigkeiten der Stichprobengesamtheit
Quelle: Eigene Erhebung

72

Die Anzahl der *Zwischenlandungen* sowie die *Sicherheit* sind die wichtigsten Merkmale bei der Präferenzbildung. Dahinter folgt das *Servicepersonal*, das eine Mittelstellung einnimmt. Die Merkmale *Sitzkomfort* und *Bordunterhaltung* erweisen sich als relativ unbedeutend bei der Beurteilung des Nutzens eines Linienfluges.

Darstellung 26 verdeutlicht die Teilnutzenwerte der einzelnen Merkmalsausprägungen.

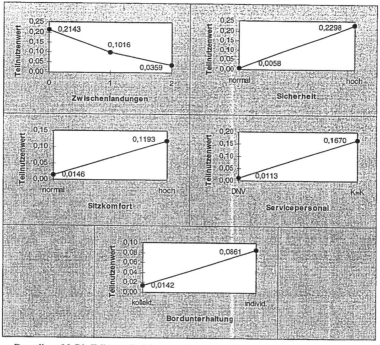

Darstellung 26: Die Teilnutzenfunktionen der Grundgesamtheit
Quelle: Eigene Erhebung

Den höchsten Teilnutzen aller untersuchten Ausprägungen stiftet die hohe Sicherheit mit einem Wert von 0,2298. Normaler Sicherheit kann der geringste aller

Teilnutzenwerte (0,0058) konstatiert werden. Dies hat zur Folge, daß die *Sicherheit* die größte Spannweite sämtlicher Merkmale aufweist.[222]

Bei den *Zwischenlandungen* gilt: $TNW_0 - TNW_1 = 0,1127$ und $TNW_1 - TNW_2 = 0,0657$. Dies bewirkt den geknickten Verlauf der betrefenden Teilnutzenfunktion. Für die Untersuchungsteilnehmer ist zunächst entscheidend, *ob* Zwischenlandungen in Kauf genommen werden müssen. Ist dies der Fall, achten sie zwar auch darauf, *wieviele* Zwischenlandungen stattfinden - letztlich ist die genaue Anzahl im Rahmen der Präferenzbildung aber nur von untergeordnetem Interesse.

Wenn das Marktanteilsziel im Vordergrund steht, sollten Fluggesellschaften ihre Bemühungen, den Kundenwünschen zu entsprechen, zunächst auf die Bereiche *Sicherheit* (Nutzensteigerungspotential: 0,2240) und *Servicepersonal* (+0,1557) konzentrieren. Eine erhebliche Steigerung des Gesamtnutzenwertes kann auch erzielt werden, indem durch die Abschaffung zweier Zwischenlandungen ein Non-Stop-Flug eingeführt wird (+0,1784). Die Umwandlung eines Fluges mit einer Zwischenlandung in einen Non-Stop-Flug (+0,1127) wirkt sich etwas positiver aus als die Erhöhung des *Sitzkomforts* (+0,1047). Durch Verbesserungsmaßnahmen im Bereich der *Bordunterhaltung* (+0,0719) sowie durch die Abschaffung einer von zwei Zwischenlandungen (+0,0657) werden dagegen nur vergleichsweise geringe Steigerungen des Gesamtnutzenwertes erreicht.

Letztlich muß sich das Marketingmanagement neben den Kunden auch an der Konkurrenz orientieren. Unter Umständen kann gerade eine der beiden letztgenannten Alternativen einen entscheidenden komparativen Konkurrenzvorteil begründen. Ebenso dürfen Entscheidungen nicht ausschließlich aufgrund der zu

---

[222] Auf den ersten Blick ist dieses Ergebnis überraschend: Obwohl das Merkmal *Sicherheit* hinter den *Zwischenlandungen* nur die zweitgrößte Wichtigkeit bei der Präferenzbildung besitzt, weist es die größte Spannweite auf. Der Grund hierfür ist in der Mittelwertbildung zu sehen, wodurch die individuellen Streuungen - und damit auch wertvolle Detailinformationen - verloren gehen. Zur Veranschaulichung möge folgendes Beispiel dienen: Im Gegensatz zum Großteil der befragten Probanden bevorzugen einige Untersuchungsteilnehmer Flüge mit möglichst vielen Zwischenlandungen. Sie weisen folglich der Ausprägung „ Zwei Zwischenlandungen" einen höheren Teilnutzenwert zu als einem Non-Stop-Flug. Für die Wichtigkeit ist dies nicht von Belang - auf die Spannweite des Merkmals *Zwischenlandungen* wirkt sich dieser Umstand allerdings negativ aus.

74

erwartenden Gesamtnutzenwertzuwächse getroffen werden, sondern die Kosten
der verschiedenen Alternativen sind ebenfalls zu berücksichtigen.[223]

4.3.2.2 Ergebnisse einer a-priori-Segmentierung

Mit Hilfe einer a-priori-Segmentierung wird im Folgenden der Einfluß der sozio-
demographischen Variablen Geschlecht, Alter, Beruf, Fluggewohnheiten und
Sprache[224] auf die Präferenzen der Untersuchungsteilnehmer analysiert. Ziel ist es,
segmentspezifische Unterschiede zu identifizieren, die sich für das Marketingmanagement als bedeutsam erweisen könnten.

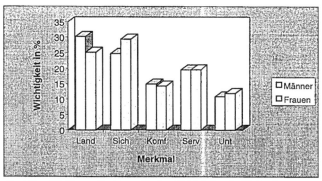

Darstellung 27: Die geschlechtsspezifischen Wichtigkeiten der Merkmale
Quelle: Eigene Erhebung[225]

Aus Darstellung 27 wird ersichtlich, daß für die **Männer** das Merkmal *Zwischenlandungen* mit 30,13% vor der *Sicherheit* (24,74%) die größte Wichtigkeit im
Rahmen des Präferenzbildungsprozesses besitzt. Dahinter folgen *Servicepersonal*

---

[223] In diesem Zusammenhang sei ein interessantes Verfahren erwähnt, das dieses Ziel verfolgt:
Der von *Bauer et al.* entwickelte Conjoint + COST-Ansatz berücksichtigt im Gegensatz zur üblichen Vorgehensweise bei Conjoint-Analysen auch die Kosten nutzenstiftender Maßnahmen.
Infolgedessen ermöglicht dieser Ansatz neben der Bestimmung der marktanteils- auch die
Identifizierung der gewinnmaximalen Produktvariante. Vgl. hierzu Bauer et al. (1994), S. 81ff.
[224] Wie bereits in Kap. 4.3.1.1.2 ausgeführt, gibt die Sprache Aufschluß darüber, ob die Probanden im europäischen oder nordamerikanischen/asiatischen Raum beheimatet sind.
[225] Die segmentspezifischen Wichtigkeiten der gesamten Stichprobe sind in tabellarischer Form
im Anhang auf S. XXVI enthalten.

mit 19,48% und *Sitzkomfort* (14,84%). Die geringste Bedeutung bei der Nutzenbeurteilung eines Langstrecken-Linienfluges wird der *Bordunterhaltung* (10,82%)
zuteil.

Den drei letztgenannten Merkmalen ordnen die **Frauen** annähernd gleiche Wichtigkeiten zu wie die **Männer**. Unterschiede offenbaren sich jedoch bei den beiden
bedeutendsten Merkmalen. Für die weiblichen Probanden ist das Merkmal *Sicherheit* mit 29,32% von größerer Wichtigkeit als die Anzahl der *Zwischenlandungen*
(25,12%), während bei den **Männern** das Gegenteil der Fall ist.

Merkmal	Ausprägung	$TNW_{Männer}$	TNW_{Frauen}
Zwischenlandungen	0	0,2174	0,2049
	1	**0,1102**	**0,0760**
	2	0,0381	0,0294
Sicherheit	normal	0,0064	0,0042
	hoch	**0,2171**	**0,2680**
Sitzkomfort	normal	0,0149	0,0137
	hoch	0,1209	0,1148
Servicepersonal	DNV	0,0116	0,0105
	K=K	0,1659	0,1703
Bordunterhaltung	kollektiv	0,0110	0,0238
	individuell	0,0867	0,0845

Darstellung 28: Die geschlechtsspezifischen Teilnutzenwerte
Quelle: Eigene Erhebung

Die Ausprägung „Hohe Sicherheit" stiftet den **Frauen** den mit Abstand höchsten
Teilnutzen, der um 0,0509 über dem entsprechenden Wert bei den **Männern** liegt.
Letztere dagegen ziehen den größten Nutzen aus einem Non-Stop-Flug. Aus Dar-
stellung 28 geht ferner hervor, daß darüber hinaus lediglich bei der Ausprägung
„Eine Zwischenlandung" nennenswerte Unterschiede zwischen den Teilnutzen-
werten beider Segmente auftreten ($TNW_{Männer}$ - TNW_{Frauen} = 0,0342). Bei den
Teilnutzenwerten der restlichen Ausprägungen können keine geschlechtsspezifi-
schen Besonderheiten beobachtet werden.[226]

---

[226] Die größte Teilnutzenwertdifferenz, die bei den restlichen Merkmalsausprägungen festgestellt
werden kann, beträgt 0,0128 bei der Ausprägung „kollektive Bordunterhaltung".

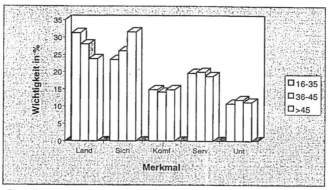

Darstellung 29: Die altersspezifischen Wichtigkeiten der Merkmale
Quelle: Eigene Erhebung

Darstellung 29 offenbart, daß - ähnlich wie bei der geschlechtsspezifischen Segmentierung - die Wichtigkeiten der Merkmale *Sitzkomfort, Servicepersonal* und *Bordunterhaltung* auch in Abhängigkeit vom Alter der Probanden nur unwesentlich differieren.

Große Unterschiede können dagegen bei den beiden anderen Merkmalen festgestellt werden. Für die **16-35-jährigen** spielt die Anzahl der *Zwischenlandungen* mit 31,26% im Rahmen der Präferenzbildung eine weitaus größere Rolle als die *Sicherheit* (23,54%). Beim Segment der **36-45-jährigen** existieren keine bedeutenden Differenzen zwischen den Wichtigkeiten beider Merkmale (*Zwischenlandungen*: 28,02%; *Sicherheit*: 26,06%). Die **über 45-jährigen** legen hingegen ihr Augenmerk vorrangig auf die *Sicherheit*, der sie mit 31,53% eine sehr viel größere Wichtigkeit beimessen als der Anzahl der *Zwischenlandungen* (23,79%).

Auf Basis der altersspezifischen Segmentierung kann folgende Feststellung bezüglich der Präferenzen der untersuchten Stichprobe getroffen werden: Mit zunehmendem Alter der Probanden gewinnt die *Sicherheit* in gleichem Maße an Bedeutung, wie die Relevanz der *Zwischenlandungen* bei der Beurteilung des Nutzens eines Linienfluges abnimmt.

Merkmal	Ausprägung	TNW_{16-35}	TNW_{36-45}	$TNW_{>45}$
Zwischenlandungen	0	0,2273	0,2246	0,1719
	1	0,1268	0,0828	0,0574
	2	0,0306	0,0345	0,0504
Sicherheit	normal	0,0086	0,0018	0,0029
	hoch	0,2014	0,2341	0,2962
Sitzkomfort	normal	0,0138	0,0177	0,0138
	hoch	0,1187	0,1131	0,1269
Servicepersonal	DNV	0,0180	0,0019	0,0039
	K=K	0,1592	0,1819	0,1722
Bordunterhaltung	kollektiv	0,0115	0,0084	0,0262
	individuell	0,0842	0,0991	0,0784

Darstellung 30: Die altersspezifischen Teilnutzenwerte
Quelle: Eigene Erhebung

Aus den altersspezifischen Teilnutzenwerten der Darstellung 30 geht hervor, daß bei den Ausprägungen der Merkmale *Sitzkomfort, Servicepersonal und Bordunterhaltung* etwas größere Differenzen auftreten, als dies bei der geschlechtsspezifischen Betrachtung der Fall war. Insgesamt sind diese Unterschiede jedoch vernachlässigbar.[227]

Interessant sind vielmehr die Teilnutzenwerte, die sich bei den Merkmalen *Zwischenlandungen* und *Sicherheit* ergeben. Die **über 45-jährigen** wissen einen Non-Stop-Flug weitaus weniger zu schätzen als die beiden Segmente der jüngeren Untersuchungsteilnehmer, die besagter Merkmalsausprägung einen um mehr als 0,05 höheren Teilnutzenwert zuordnen. Bei einem Flug mit einer Zwischenlandung beträgt die Differenz zwischen dem Teilnutzenwert der ältesten Probanden und dem der jüngsten Untersuchungsteilnehmer sogar annähernd 0,07. Die Ausprägung „Hohe Sicherheit" stiftet den **über 45-jährigen** mit 0,2962 den höchsten Teilnutzen aller Ausprägungen. Dieser Wert liegt um 0,0948 über dem vergleichbaren Wert der **16-35-jährigen** und um 0,0621 über dem Teilnutzenwert der **36-45-jährigen**, was ein mit zunehmendem Alter stark erhöhtes Sicherheitsbedürfnis impliziert.

---

[227] Die größte Teilnutzenwertdifferenz bei diesen Merkmalsausprägungen beträgt 0,0227 (=TNW_{16-35} - TNW_{36-45} bei der Ausprägung „Kunde = König").

Bei der folgenden berufsspezifischen Betrachtung bleibt das Segment der **Anderen** aufgrund seiner heterogenen Zusammensetzung außer Acht.[228]

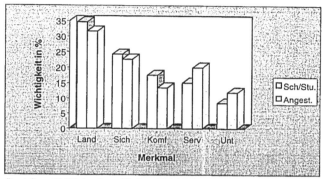

Darstellung 31: Die berufsspezifischen Wichtigkeiten der Merkmale
Quelle: Eigene Erhebung

Wie aus Darstellung 31 hervorgeht, besitzt das Merkmal *Zwischenlandungen* beim Segment der **Schüler/Studenten** mit 34,63% die größte Wichtigkeit. Weit dahinter folgt die *Sicherheit*, die ihrerseits mit 24,26% einen großen Abstand zu den Merkmalen *Sitzkomfort* (17,56%) und *Servicepersonal* (15,13%) aufweist. Mit 8,42% kann der *Bordunterhaltung* eine vergleichsweise geringe Bedeutung konstatiert werden.

Die prozentualen Wichtigkeiten, die die **Angestellten** den Merkmalen beimessen, weichen von den Werten der **Schüler/Studenten** zum Teil erheblich ab. *Zwischenlandungen* (31,68%), *Sicherheit* (22,68%) und *Sitzkomfort* (13,59%) spielen bei der Nutzenbeurteilung von Linienflügen für die **Angestellten** eine geringere Rolle als für das Segment der **Schüler/Studenten**. Bei den Merkmalen *Servicepersonal* (20,01%) und *Bordunterhaltung* (12,04%) ist das Gegenteil der Fall.

---

[228] Den Anderen werden u.a. Hausfrauen, Selbständige, Arbeitslose, Auszubildende, gewerbliche Arbeitnehmer und Rentner zugerechnet. Dies war im Rahmen der methodischen Analyse nicht von Bedeutung - auf inhaltlicher Ebene hingegen lassen sich auf dieser Basis keine sinnvollen Empfehlungen für das Marketingmanagement ableiten, weshalb eine nähere Betrachtung dieses Segmentes unterbleibt.

Merkmal	Ausprägung	TNW$_{Sch./Studenten}$	TNW$_{Angestellte}$
Zwischenlandungen	0	0,2785	0,2243
	1	0,1166	0,1245
	2	0,0188	0,0386
Sicherheit	normal	0,0099	0,0072
	hoch	0,2064	0,1953
Sitzkomfort	normal	0,0226	0,0128
	hoch	**0,1358**	**0,1089**
Servicepersonal	DNV	0,0029	0,0070
	K=K	**0,1328**	**0,1739**
Bordunterhaltung	kollektiv	0,0182	0,0098
	individuell	**0,0575**	**0,0976**

Darstellung 32: Die berufsspezifischen Teilnutzenwerte
Quelle: Eigene Erhebung

Im Gegensatz zu den bisher untersuchten Segmenten tauchen im Rahmen der berufsspezifischen Betrachtung keine bedeutenden Teilnutzenwertunterschiede bei den Ausprägungen des Merkmals *Sicherheit* auf. Die größte Differenz, die zwischen den Teilnutzenwerten dieses Merkmals festgestellt werden kann, beträgt 0,0111 („Hohe Sicherheit").

Erhebliche Divergenzen können dagegen bei den Ausprägungen der anderen Merkmale beobachtet werden. Das Segment der **Schüler/Studenten** zieht im Vergleich zu den **Angestellten** einen um 0,0542 höheren Nutzen aus einem Non-Stop-Flug und verspürt auch einen ausgeprägteren Wunsch nach hohem Sitzkomfort (+0,0269). Andererseits legen letztere weitaus größeren Wert auf freundliches und zuvorkommendes Servicepersonal. Dies zeigt sich daran, daß sie der Ausprägung „Kunde = König" einen Teilnutzenwert zuordnen, der um 0,0411 höher ist als der entsprechende Wert bei den **Schülern/Studenten**. Ähnlich ist der Sachverhalt bei der individuellen Bordunterhaltung, die den **Angestellten** ebenfalls einen signifikant höheren Teilnutzen stiftet (+0,0401) als den Probanden des Segmentes **Schüler/Studenten**.

80

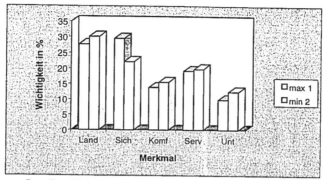

Darstellung 33: Die Wichtigkeiten der Merkmale in Abhängigkeit von
den Fluggewohnheiten
Quelle: Eigene Erhebung

Die **Seltenflieger** achten bei der Nutzenbeurteilung von Flügen vorrangig auf die
Merkmale *Sicherheit* (29,49%) und *Zwischenlandungen* (27,70%). Eine Wichtigkeit von 19,20% messen sie dem *Servicepersonal* bei. Die geringste Bedeutung
wird dem *Sitzkomfort* mit 13,82% sowie der *Bordunterhaltung* (9,80%) zuteil.

Die **Vielflieger** schätzen die Wichtigkeit der *Sicherheit* mit 22,15% weitaus geringer ein als die **Seltenflieger**. Allen anderen Merkmalen schenken sie dagegen größere Beachtung bei der Präferenzbildung - insbesondere der *Bordunterhaltung* mit
12,40% sowie der Anzahl der *Zwischenlandungen* (30,10%). Als relativ unbedeutend erweisen sich die Unterschiede beim *Sitzkomfort* (15,56%) und beim *Servicepersonal* (19,80%).

Die Reihenfolgen der Wichtigkeiten beider Segmente unterscheiden sich lediglich
in den beiden bedeutendsten Merkmalen (*Zwischenlandungen* und *Sicherheit*).
Die Relationen der Wichtigkeiten weichen dagegen bei einzelnen Merkmalen erheblich voneinander ab: So ist beispielsweise die *Sicherheit* für die **Seltenflieger**
mehr als dreimal so wichtig wie die *Bordunterhaltung*, während das entsprechende Verhältnis bei den **Vielfliegern** nicht einmal 2:1 beträgt.

Merkmal	Ausprägung	$TNW_{max\,1}$	$TNW_{min\,2}$
Zwischenlandungen	0	0,2150	0,2134
	1	**0,0849**	**0,1190**
	2	0,0352	0,0366
Sicherheit	normal	0,0014	0,0104
	hoch	**0,2696**	**0,1887**
Sitzkomfort	normal	0,0114	0,0179
	hoch	0,1157	0,1231
Servicepersonal	DNV	0,0080	0,0147
	K=K	0,1686	0,1654
Bordunterhaltung	kollektiv	0,0089	0,0196
	individuell	0,0814	0,0911

Darstellung 34: Die Teilnutzenwerte in Abhängigkeit von den Fluggewohnheiten
Quelle: Eigene Erhebung

Darstellung 34 offenbart, daß bei sämtlichen Ausprägungen der Merkmale *Sitzkomfort*, *Servicepersonal* und *Bordunterhaltung* die Teilnutzenwerte zwischen beiden Segmenten nur unwesentlich divergieren.[229] Enorme Unterschiede können dagegen bei der Ausprägung „Hohe Sicherheit" konstatiert werden, die den **Seltenfliegern** einen um 0,0809 höheren Teilnutzen stiftet als dem Segment der **Vielflieger**. Desweiteren verdient vor allem die Teilnutzenwertdifferenz der Ausprägung „Eine Zwischenlandung" ($TNW_{min2} - TNW_{max1} = 0,0341$) Erwähnung.

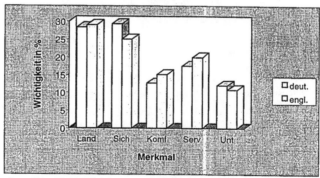

Darstellung 35: Die Wichtigkeiten in Abhängigkeit von der Sprache
Quelle: Eigene Erhebung

---

[229] Die größte Teilnutzenwertdifferenz bei diesen Merkmalen beträgt 0,0107 (bei der Ausprägung „kollektive Bordunterhaltung").

Wie Darstellung 35 zeigt, stellt für die **deutschsprachigen** Probanden die *Sicherheit* mit 29,28% das wichtigste Merkmal dar, dicht gefolgt von der Anzahl der *Zwischenlandungen* (28,36%). An dritter Stelle rangiert das *Servicepersonal* (17,56%) vor den Merkmalen *Sitzkomfort* und *Bordunterhaltung*, die mit 12,71% bzw. 12,07% fast gleichauf liegen.

Die Wichtigkeiten, die die **englischsprachigen** Untersuchungsteilnehmer den Merkmalen *Zwischenlandungen* (29,01%) und *Bordunterhaltung* (10,82%) beimessen, weichen nur in geringem Maße von den oben genannten Werten ab. Nennenswerte Unterschiede können dagegen beim *Sitzkomfort* (15,16%) und beim *Servicepersonal* (19,98%) beobachtet werden. Dies trifft auch auf das Merkmal *Sicherheit* zu, das für das Segment der **Englischsprachigen** mit 25,03% eine bedeutend geringere Rolle im Rahmen der Präferenzbildung spielt als für die **deutschsprachigen** Probanden.

Merkmal	Ausprägung	$TNW_{deutsch}$	$TNW_{englisch}$
Zwischenlandungen	0	0,2261	0,2113
	1	0,0764	0,1080
	2	0,0413	0,0345
Sicherheit	normal	0,0022	0,0067
	hoch	0,2667	0,2206
Sitzkomfort	normal	0,0236	0,0124
	hoch	0,0886	0,1270
Servicepersonal	DNV	0,0018	0,0137
	K=K	0,1620	0,1683
Bordunterhaltung	kollektiv	0,0266	0,0111
	individuell	0,0846	0,0865

Darstellung 36: Die Teilnutzenwerte in Abhängigkeit von der Sprache
Quelle: Eigene Erhebung

Das Segment der **Deutschsprachigen** zieht aus einem Flug mit einer Zwischenlandung einen Teilnutzen, der um 0,0316 geringer ist als der entsprechende Wert bei den **englischsprachigen** Probanden. Desweiteren legen die **deutschsprachigen** Untersuchungsteilnehmer weniger Wert auf hohen Sitzkomfort (-0,0384), während sie die Ausprägung „Hohe Sicherheit" als weitaus nutzenstiftender (+0,0461) einstufen als das Segment der **Englischsprachigen**. Bei den Ausprägungen der Merkmale *Servicepersonal* und *Bordunterhaltung* können dagegen keine nennenswerten segmentspezifischen Besonderheiten konstatiert werden.[230]

4.3.2.3 Implikationen der empirischen Untersuchung bezüglich der kundengerechten Gestaltung von Linienflügen

Die Betrachtung der Conjoint-Ergebnisse unter inhaltlichen Gesichtspunkten hat gezeigt, daß die Probanden sämtlicher untersuchter Segmente den Merkmalen *Zwischenlandungen* und *Sicherheit* die größte Bedeutung bei der Beurteilung von Langstreckenflügen beimessen. Linienfluggesellschaften, die sich an den Wünschen ihrer Kunden orientieren wollen, sollten bei der Gestaltung ihres Dienstleistungsangebotes berücksichtigen, daß die Probanden den größten Nutzen aus einem Non-Stop-Flug[231] ziehen, der durch hohe Sicherheit gekennzeichnet ist.

Bei segmentspezifischer Zielgruppenbearbeitung ist zu beachten, daß **Frauen**, **ältere** Menschen, **Seltenflieger** und **deutschsprachige** Personen (bzw. Probanden europäischer Herkunft) durch ein besonders ausgeprägtes Sicherheitsbedürfnis charakterisiert sind. Um diesem Bedürfnis Rechnung zu tragen, sind nicht zwangsläufig Maßnahmen zur Steigerung der (tatsächlichen) Sicherheit zu ergreifen. Unter Umständen genügt es, die (wahrgenommene) Sicherheit zu erhöhen - z.B. indem die Fluggesellschaft ihre Kommunikationspolitik im Hinblick auf dieses Ziel entsprechend umgestaltet.

Desweiteren sind insbesondere die **Schüler/Studenten** daran interessiert, den Zielort ohne *Zwischenlandungen* zu erreichen. Die Merkmale *Sitzkomfort*, *Servicepersonal* und *Bordunterhaltung* scheinen nur von untergeordneter Bedeutung zu sein. Eventuell können aber gerade Verbesserungen in diesen Bereichen einen

---

[230] Die größte Teilnutzenwertdifferenz bei diesen Merkmalen beläuft sich auf 0,0155 (bei der Ausprägung „kollektive Bordunterhaltung").

[231] Ein Hinweis des Verfassers zur Wichtigkeit der *Zwischenlandungen*: Da die Datenerhebung im Transitbereich des Flughafens Frankfurt/Main stattfand, wurden i.R.d. Untersuchung viele Flugreisende befragt, die mehrere Stunden Aufenthalt in diesem Bereich bereits hinter sich bzw. noch vor sich hatten. Möglicherweise haben diese Probanden der Anzahl der *Zwischenlandungen* eine höhere Bedeutung beigemessen als sie es bei einer Befragung an einem „neutralen" Ort bzw. in einer realen Kaufentscheidung getan hätten.

wichtigen Beitrag zu einem differenzierten Unternehmensimage leisten oder direkt einen entscheidenden Wettbewerbsvorteil begründen.

Wie bereits an anderer Stelle erwähnt, sollten unternehmerische Entscheidungen nicht ausschließlich auf Basis einer Nutzenbetrachtung getroffen werden. Mit der Angebotsstruktur der Konkurrenz sowie den Kosten der alternativen Maßnahmen zur Steigerung der Dienstleistungsqualität sind zwei weitere Größen unbedingt ins Kalkül mit einzubeziehen.

5. Zusammenfassung und Ausblick

Im theoretischen Teil der vorliegenden Arbeit wurde zunächst begründet, inwiefern der Linienflugmarkt Relevanz als Untersuchungsobjekt besitzt. Danach erfolgte eine Auseinandersetzung mit den Besonderheiten von Dienstleistungen. Bestandteil des empirischen Parts war unter anderem die Darstellung und Interpretation der Ergebnisse der durchgeführten Conjoint-Analysen. Es gelang, einige Empfehlungen für die kundengerechte Gestaltung von Linienflügen abzuleiten. Aufgrund des spezifischen Designs der empirischen Studie war es leider nicht möglich, das Merkmal *Preis* in die Untersuchung mit eingehen zu lassen. Infolgedessen besitzen die Ergebnisse nur unter der Prämisse eines konstanten Preises Gültigkeit. Diesem Nachteil könnte in zukünftigen Studien durch die Verwendung von Probanden eines einzigen Herkunftslandes begegnet werden.

Das Hauptziel der vorliegenden Arbeit bestand darin, den Einfluß des Datenerhebungsdesigns auf die Ergebnisse von Conjoint-Analysen zu untersuchen. Letzten Endes konnte konstatiert werden, daß ein solcher Einfluß zu bestehen scheint - welcher Art dieser Einfluß ist, mußte jedoch offen bleiben.

Zeitliche, finanzielle und organisatorische Gründe haben dazu geführt, daß im Rahmen dieser Arbeit 120 verschiedene Probanden ihre Präferenzen offenlegten. Um die Auswirkungen des Datenerhebungsdesigns näher bestimmen zu können, wäre es sinnvoll, stattdessen 3x40 Probanden zu befragen, d.h. die Nutzenstrukturen der gleichen 40 Personen in größeren zeitlichen Abständen unter Anwendung aller drei Erhebungsmethoden zu ermitteln. Dadurch könnten interpersonell bedingte Präferenzunterschiede zwischen den Datenerhebungsgruppen eliminiert und eventuelle Ergebnisdifferenzen mit größerer Sicherheit auf die Datenerhebungsmethode als verursachenden Faktor zurückgeführt werden.

Im Verlauf dieser Arbeit traten einige Aspekte zutage, auf die nicht näher eingegangen werden konnte, die sich jedoch im Hinblick auf zukünftige Forschungsaktivitäten als interessant erweisen könnten. Dazu zählen unter anderem die Untersuchung des Einflusses des gewählten Referenzfluges auf die Ergebnisse der Mischform-Gruppe sowie die Anwendung der Fragestellung der vorliegenden Arbeit auf weitere Untersuchungsobjekte.

ANHANGSVERZEICHNIS

Welche Kriterien spielen für Sie eine Rolle, wenn Sie privat einen Langstrecken-Linienflug buchen?

Ist Ihnen ein Merkmal besonders wichtig, kennzeichnen Sie bitte die „1" - spielt ein Merkmal für Ihre Kaufentscheidung überhaupt keine Rolle, sollten Sie die „6" markieren.

sehr wichtig..unwichtig

Anzahl der Zwischenlandungen (≠ stopover!)	1	2	3	4	5	6
Bordtelefon	1	2	3	4	5	6
Buffet am Flugsteig	1	2	3	4	5	6
Dauer des Eincheckens	1	2	3	4	5	6
deutschsprachige Flugbegleitung	1	2	3	4	5	6
Entgegenkommen/Flexibilität des Personals (z.B. Ermgl. von kurzfrist. Sitzplatzwechsel,...)	1	2	3	4	5	6
Flugfrequenz/Anzahl der Flüge	1	2	3	4	5	6
Flugsicherheit (Wartung, Alter der Flotte)	1	2	3	4	5	6
Freundlichkeit des Boden-/Luftpersonals	1	2	3	4	5	6
Kerosin-Verbrauch/Umweltbewußtsein d. Airline	1	2	3	4	5	6
Kompetenz des Boden-/Luftpersonals	1	2	3	4	5	6
kostenfreier Ersatz bei Verlust des Tickets	1	2	3	4	5	6
kostenlose alkoholische Getränke an Bord	1	2	3	4	5	6
Preis	1	2	3	4	5	6
Pünktlichkeit	1	2	3	4	5	6
Qualität der Bordverpflegung	1	2	3	4	5	6
Rauchverbot im gesamten Flugzeug	1	2	3	4	5	6
Renommé der Airline	1	2	3	4	5	6
Sitzabstand/Beinfreiheit	1	2	3	4	5	6
stopover-Möglichkeiten	1	2	3	4	5	6
Unterhaltungsprogramm an Bord (z.B. Filme)	1	2	3	4	5	6
Vielfliegerprogramm/Bonusmeilen-Gutschrift	1	2	3	4	5	6

Bitte tragen Sie hier weitere Merkmale ein, die für Sie eine Rolle spielen:

_____

_____

NUMBER OF INTERMEDIATE LANDINGS

Non-stop-flight

One intermediate landing; airport-area may not be left

Two intermediate landings; airport-area may not be left

ENTERTAINMENT ABOARD

Films can be watched on a **large screen**; passengers cannot decide which film is on

There are **individual screens** at each seat; passengers are enabled to make a selection from a wide range of films

STAFF

First principle: strict procedures; **staff are not too friendly and obliging** (e.g.: ground personnell act strictly within a specied sphere of responsibility; aboard drinks are not served to the seats out of mealtime; passengers have to call the air crews´ attention if they want to express a request).

First principle: passengers´satisfaction; **staff are very friendly and obliging** (e.g.: ground personnell show great flexibility in order to meet clients´ requests; aboard drinks are served around the clock; air crew anticipate passengers´wishes).

SAFETY

Statutory safety regulations are observed; **additional notice of safety is not taken**

In addition to the observation of statutory safety regulations, **lots of precautions** are taken **to increase the safety** in flying (e.g.: fleet of young age, outstanding performance in maintenance, highly qualified cockpit crew)

SEATING COMFORT

Ordinary legroom and width of seats

Increased seating comfort due to widened seats and greater distances between the seating rows.

SPSS-Job zur Erstellung des reduzierten Designs

```
TITLE „Reduziertes Design".
* DATENDEFINITION
* --------------------------.

DATA LIST FREE / Land Sich Komf Serv Unt.

VARIABLE LABELS Land „Zwischenlandungen"
                /Sich „Sicherheit"
                /Komf „Sitzkomfort"
                /Serv „Servicepersonal"
                /Unt „Bordunterhaltung".

VALUE LABELS Land  1 „0" 2 „1" 3 „2"
                /Sich  1 „normal" 2 „hoch"
                /Komf 1 „normal" 2 „hoch"
                /Serv  1 „Dienst nach Vorschrift" 2 „Kunde=König"
                /Unt   1 „Gemeinschaftsprogramm" 2 „individuelles Programm".

BEGIN DATA.
END DATA.

* PROZEDUR
* ---------------.

ORTHOPLAN FACTORS.

LIST VARIABLES = ALL.
SAVE OUTFILE = „a:\orthop.sav".
```

SPSS-Job zur Erstellung der Produktkarten

```
TITLE „Produktkarten".
* SYSTEM- UND AUSGABESTEUERUNG
* -------------------------------------------------.

get file = „a:\orthop.sav".

* PROZEDUR
* ---------------.

PLANCARDS FORMAT = both
          /TITLE = „Flug"
          /OUTFILE = „a:\planc.sav".
```

 **LINIENFLUGALTERNATIVE**

NR. 6

◆ **Eine Zwischenlandung;** Verlassen des Flughafengebäudes ist nicht möglich

◆ Der **Sicherheit wird** über die gesetzlichen Auflagen hinaus **große Beachtung geschenkt** (geringes Flottenalter, überdurchschnittlich häufige Wartung, besonders qualifizierte Cockpit-Besatzungen)

◆ **Sitzbreite und Beinfreiheit** bewegen sich **im üblichen Rahmen**

◆ Oberstes Gebot: Zufriedenheit der Fluggäste; **Personal ist besonders freundlich und zuvorkommend** (Bodenpersonal setzt alle Hebel in Bewegung, um auch ungewöhnlichen Anliegen der Passagiere nachzukommen; an Bord besteht Getränkeservice rund um die Uhr und den Fluggästen werden die Wünsche „von den Augen abgelesen")

◆ Auf einer **Großbildleinwand** werden aktuelle Spielfilme gezeigt; die Fluggäste können auf das Programm keinen Einfluß nehmen

MEINUNGSUMFRAGE
zum Thema
Linienflüge

Sehr geehrte Damen und Herren,

im Rahmen meiner Diplomarbeit im Bereich Marketing an der Universität Mannheim beschäftige ich mich mit der kundengerechten Gestaltung privater Linienflüge.

In diesem Zusammenhang möchte ich Sie bitten, die folgenden Fragen zu beantworten.

Bitte zögern Sie nicht, mich auf eventuelle Unklarheiten aufmerksam zu machen!

Vielen Dank für Ihre Mitarbeit!

1. Angaben zur Person

Geschlecht
- O männlich
- O weiblich

Alter
- O 16 - 25
- O 36 - 45
- O über 55
- O 26 - 35
- O 46 - 55

Ausgeübter Beruf
- O Schüler/Student
- O Auszubildender
- O Arbeiter
- O Rentner
- O Wehr-/Zivildienstleistender
- O Angestellter/Beamter
- O Selbständiger
- O sonst. (arbeitslos, Hausfrau,......)

Wieviele private Linienflüge unternehmen Sie durchschnittlich pro Jahr?
- O keinen
- O zwei
- O einen
- O mehr als zwei

2. Beurteilung von Linienflügen (Private Langstreckenflüge; KEINE Geschäftsreisen!)

Sie erhalten nun acht Karten, die verschiedene Linienflüge darstellen sollen. Bitte bringen Sie diese Karten in eine Rangfolge: Sortieren Sie die Karten so, daß die oberste Karte den Flug darstellt, den Sie am ehesten buchen würden und die unterste Karte den Flug, der Ihnen von allen acht Alternativen am wenigsten zusagt.

MARKET SURVEY
SUBJECT:
scheduled flights

Hello,

I am studying Industrial Management at the University of Mannheim. As a part of my studies, I am analyzing the attributes of scheduled flights passengers benefit most from.

In according to this subject, please answer the following questions.

Should there be any questions to the survey, please do not hesitate to ask.

Thank you very much for your co-operation!

1. Personal data

sex　　　　　　○ male　　　　　　　　○ female

age　　　　　　○ 16 - 25　　　　　　　○ 26 - 35
　　　　　　　　　○ 36 - 45　　　　　　　○ 46 - 55
　　　　　　　　　○ older than 55

pursued profession　○ pupil/student　　　　　○ military service/alternative service
　　　　　　　　　○ trainee　　　　　　　○ employee/public servant
　　　　　　　　　○ (blue-collar) worker　○ self-employed
　　　　　　　　　○ retired　　　　　　　○ oth. (unemployed, housewife,...)

How many private scheduled flights do you take on an average per year?

　　　　　　　○ none　　　　　　○ one
　　　　　　　○ two　　　　　　　○ more than two

2. Ranking of alternative scheduled flights

Now you get eight cards which describe alternative scheduled flights (long-distance holiday trips only; **NO** business trips!). Please rank them according to your preferences: The card on top should represent the most preferred flight - the bottom card should be the one that describes the least preferred flight.

Anhang 7

MEINUNGSUMFRAGE
zum Thema
Linienflüge

Sehr geehrte Damen und Herren,

im Rahmen meiner Diplomarbeit im Bereich Marketing an der Universität Mannheim beschäftige ich mich mit der kundengerechten Gestaltung privater Linienflüge.

In diesem Zusammenhang möchte ich Sie bitten, die folgenden Fragen zu beantworten.

Bitte zögern Sie nicht, mich auf eventuelle Unklarheiten aufmerksam zu machen!

Vielen Dank für Ihre Mitarbeit!

1. Angaben zur Person

Geschlecht   O männlich   O weiblich

Alter
- O 16 - 25   O 26 - 35
- O 36 - 45   O 46 - 55
- O über 55

Ausgeübter Beruf
- O Schüler/Student   O Wehr-/Zivildienstleistender
- O Auszubildender   O Angestellter/Beamter
- O Arbeiter   O Selbständiger
- O Rentner   O sonst. (arbeitslos, Hausfrau,.....)

Wieviele private Linienflüge unternehmen Sie durchschnittlich pro Jahr?
- O keinen   O einen
- O zwei   O mehr als zwei

Bitte drehen Sie nun dieses Blatt um!

2. Beurteilung von Linienflügen (Private Langstreckenflüge; KEINE Geschäftsreisen!)

Sie erhalten nun acht Karten, die verschiedene Linienflüge darstellen sollen. Bitte bringen Sie auf den untenstehenden Skalen zum Ausdruck, wie sehr Ihnen diese Flüge zusagen. Je eher Sie einen beschriebenen Flug buchen würden, desto mehr Punkte sollten Sie verteilen. Kreuzen Sie die „1" an, wenn Ihnen ein Flug überhaupt nicht gefällt und die „7", wenn Sie der Ansicht sind, daß Sie den beschriebenen Flug sehr gerne buchen würden.

Linienflugalternative

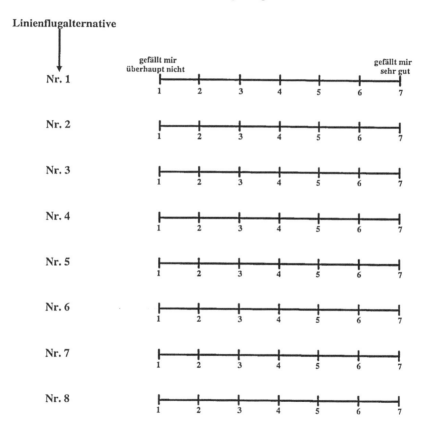

MARKET SURVEY
SUBJECT
scheduled flights

Hello,

I am studying Industrial Management at the University of Mannheim. As a part of my studies, I am analyzing the attributes of scheduled flights passengers benefit most from.

In according to this subject, please answer the following questions.

Should there be any questions to the survey, please do not hesitate to ask.

Thank you very much for your co-operation!

1. Personal data

sex
- ○ male
- ○ female

age
- ○ 16 - 25
- ○ 36 - 45
- ○ older than 55
- ○ 26 - 35
- ○ 46 - 55

pursued profession
- ○ pupil/student
- ○ trainee
- ○ (blue-collar) worker
- ○ retired
- ○ military service/alternative service
- ○ employee/public servant
- ○ self-employed
- ○ oth. (unemployed, housewife,.....)

How many private scheduled flights do you take on an average per year?
- ○ none
- ○ two
- ○ one
- ○ more than two

Please turn over!

2. Rating of alternative scheduled flights

Now you get eight cards which describe alternative scheduled flights (long-distance holiday trips only; NO business trips!). Please rate them according to your preferences: The more a flight seems to be appropriate for you, the higher you should rate it. E.g.: Mark „1" if you don´t like a flight at all and „7" if you like it very much.

alternative scheduled flight

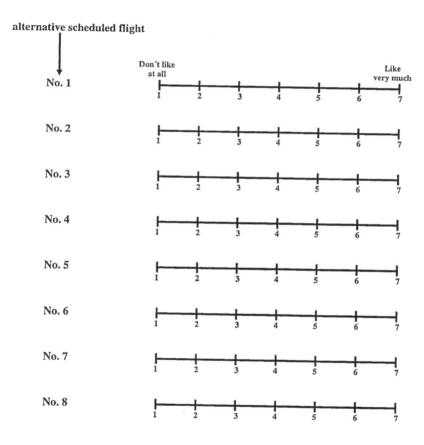

Anhang 9

MEINUNGSUMFRAGE

zum Thema

Linienflüge

Sehr geehrte Damen und Herren,

im Rahmen meiner Diplomarbeit im Bereich Marketing an der Universität Mannheim beschäftige ich mich mit der kundengerechten Gestaltung privater Linienflüge.

In diesem Zusammenhang möchte ich Sie bitten, die folgenden Fragen zu beantworten.

Bitte zögern Sie nicht, mich auf eventuelle Unklarheiten aufmerksam zu machen!

Vielen Dank für Ihre Mitarbeit!

1. Angaben zur Person

Geschlecht   O männlich   O weiblich

Alter   O 16 - 25   O 26 - 35
                 O 36 - 45   O 46 - 55
                 O über 55

Ausgeübter Beruf   O Schüler/Student   O Wehr-/Zivildienstleistender
                       O Auszubildender   O Angestellter/Beamter
                       O Arbeiter   O Selbständiger
                       O Rentner   O sonst. (arbeitslos, Hausfrau,....)

Wieviele private Linienflüge unternehmen Sie durchschnittlich pro Jahr?

                 O keinen   O einen
                 O zwei   O mehr als zwei

2. Beurteilung von Linienflügen (Private Langstreckenflüge; KEINE Geschäftsreisen!)

Sie erhalten nun acht Karten, die verschiedene Linienflüge darstellen sollen. Bitte bringen Sie auf der rückseitigen Skala zum Ausdruck, wie sehr Ihnen diese Flüge im Vergleich zu einem Referenzflug zusagen. Der Referenzflug markiert dabei den Nullpunkt. Wenn Sie einen der auf den Karten beschriebenen Flüge eher buchen würden als den Referenzflug, sollten Sie diese Karte im positiven Bereich der Skala einordnen. Sagt Ihnen ein beschriebener Flug weniger zu als der Referenzflug, ordnen Sie die betreffende Karte bitte im negativen Bereich der Skala ein.

Bitte drehen Sie nun dieses Blatt um!

Ein Beispiel zur Einstufung der Karten:

Angenommen, Ihnen gefällt der auf einer bestimmten Karte beschriebene Flug **ein klein wenig besser** als der Referenzflug, dann sollten Sie die Karte bei **+1** einordnen. Wenn der Flug auf der Karte Ihrer Meinung nach **sehr viel schlechter** ist als der Referenzflug, stufen Sie die Karte bei **-10** ein.

REFERENZFLUG

◆ **Non-Stop-Flug**

◆ Über die gesetzlich vorgeschriebenen Mindeststandards hinaus werden **keine zusätzlichen Maßnahmen** ergriffen, **um die Sicherheit zu erhöhen**

◆ **Erhöhter Sitzkomfort** durch breitere Sitze und größere Abstände zwischen den einzelnen Reihen

◆ Oberstes Gebot: Zufriedenheit der Fluggäste; **Personal ist besonders freundlich und zuvorkommend** (Bodenpersonal setzt alle Hebel in Bewegung, um auch ungewöhnlichen Anliegen der Passagiere nachzukommen; an Bord besteht Getränkeservice rund um die Uhr und den Fluggästen werden die Wünsche „von den Augen abgelesen")

◆ Auf einer **Großbildleinwand** werden aktuelle Spielfilme gezeigt; die Fluggäste können auf das Programm keinen Einfluß nehmen

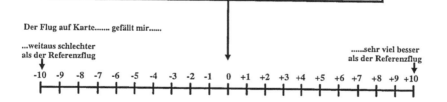

Der Flug auf Karte....... gefällt mir......

...weitaus schlechter
als der Referenzflug

......sehr viel besser
als der Referenzflug

-10 -9 -8 -7 -6 -5 -4 -3 -2 -1   0 +1 +2 +3 +4 +5 +6 +7 +8 +9 +10

Tragen Sie die Nummern der Karten entsprechend Ihren Präferenzen einfach unterhalb der Skala ein!

XX

MARKET SURVEY
SUBJECT:
scheduled flights

Hello,

I am studying Industrial Management at the University of Mannheim. As a part of my studies, I am analyzing the attributes of scheduled flights passengers benefit most from.

In according to this subject, please answer the following questions.

Should there be any questions to the survey, please do not hesitate do ask.

Thank you very much for your co-operation!

1. Personal data

sex
- O male
- O female

age
- O 16 - 25
- O 36 - 45
- O older than 55
- O 26 - 35
- O 46 - 55

pursued profession
- O pupil/student
- O trainee
- O (blue-collar) worker
- O retired
- O military service/alternative service
- O employee/public servant
- O self-employed
- O oth. (unemployed, housewife,...)

How many private scheduled flights do you take on an average per year?
- O none
- O two
- O one
- O more than two

Please turn over!

Anhang 10

2. Classification of alternative flights

Now you get eight cards which describe alternative scheduled flights (long-distance holiday trips only; NO business trips!). On the scale below, please express how much you like or dis-like these flights as compared to a „reference flight". The „reference flight" represents „0" on the scale.

Assume, you like a flight described on a card **just a little bit more** than the „reference flight". In this case, you should rate it at „+1". If you think it is **much worse** than the „reference flight", then categorize it at „-10".

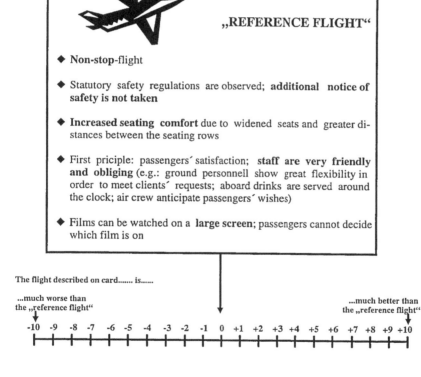

„REFERENCE FLIGHT"

◆ **Non-stop-flight**

◆ Statutory safety regulations are observed; **additional notice of safety is not taken**

◆ **Increased seating comfort** due to widened seats and greater distances between the seating rows

◆ First priciple: passengers´ satisfaction; **staff are very friendly and obliging** (e.g.: ground personnell show great flexibility in order to meet clients´ requests; aboard drinks are served around the clock; air crew anticipate passengers´ wishes)

◆ Films can be watched on a **large screen**; passengers cannot decide which film is on

The flight described on card........ is......

...much worse than
the „reference flight"

...much better than
the „reference flight"

-10 -9 -8 -7 -6 -5 -4 -3 -2 -1 0 +1 +2 +3 +4 +5 +6 +7 +8 +9 +10

Please write the numbers of the cards below the scale (corresponding to your preferences)!

SPSS-Job zur Berechnung der individuellen Teilnutzenwerte der Ranking-Gruppe

TITLE „Individuelle Teilnutzenwerte, Ranking".
*PROZEDUR
* --------------.
CONJOINT   PLAN = „a:\orthop.sav"
             / DATA = „a:\ranking.sav"
             / FACTORS = Land Sich Komf Serv Unt
             / SUBJECT = Pers
             / SEQUENCE = pref1 to pref8
             / PRINT = all
             / UTILITY = „a:\rankut.sav".

SPSS-Job zur Berechnung der individuellen Teilnutzenwerte der Rating-Gruppe

TITLE „Individuelle Teilnutzenwerte, Rating".
*PROZEDUR
* --------------.
CONJOINT   PLAN = „a:\orthop.sav"
             / DATA = „a:\rating.sav"
             / FACTORS = Land Sich Komf Serv Unt
             / SUBJECT = Pers
             / SCORE = card1 to card8
             / PRINT = all
             / UTILITY = „a:\rateut.sav".

SPSS-Job zur Berechnung der individuellen Teilnutzenwerte der Mischform-Gruppe

TITLE „Individuelle Teilnutzenwerte, Mischform".
*PROZEDUR
* --------------.
CONJOINT   PLAN = „a:\orthop.sav"
             / DATA = „a:\mix.sav"
             / FACTORS = Land Sich Komf Serv Unt
             / SUBJECT = Pers
             / RANK = card1 to card8
             / PRINT = all
             / UTILITY = „a:\mixut.sav".

SPSS-Job zur Normierung der individuellen Teilnutzenwerte

TITLE „Normierung, Ranking (bzw. Rating bzw. Mischform)".

*PROZEDUR
* --------------.

GET FILE „a:\rankut.sav (bzw. rateut.sav bzw. mixut.sav)".

COMPUTE LA1 = Land1 - min (Land1, Land2, Land3).
COMPUTE LA2 = Land2 - min (Land1, Land2, Land3).
COMPUTE LA3 = Land3 - min (Land1, Land2, Land3).
COMPUTE SI1 = Sich1 - min (Sich1, Sich2).
COMPUTE SI2 = Sich2 - min (Sich1, Sich2).
COMPUTE KO1 = Komf1- min (Komf1, Komf2).
COMPUTE KO2 = Komf2- min (Komf1, Komf2).
COMPUTE SE1 = Serv1 - min (Serv1, Serv2).
COMPUTE SE2 = Serv2 - min (Serv1, Serv2).
COMPUTE UN1 = Unt1 - min (Unt1, Unt2).
COMPUTE UN2 = Unt2 - min (Unt1, Unt2).

COMPUTE DIV = LA1+LA2+LA3+SI1+SI2+KO1+KO2+SE1+SE2+UN1+UN2.

COMPUTE NLA1 = LA1/DIV.
COMPUTE NLA2 = LA2/DIV.
COMPUTE NLA3 = LA3/DIV.
COMPUTE NSI1 = SI1/DIV.
COMPUTE NSI2 = SI2/DIV.
COMPUTE NKO1 = KO1/DIV.
COMPUTE NKO2 = KO2/DIV.
COMPUTE NSE1 = SE1/DIV.
COMPUTE NSE2 = SE2/DIV.
COMPUTE NUN1 = UN1/DIV.
COMPUTE NUN2 = UN2/DIV.

EXECUTE.

SAVE OUTFILE = „a:\ranknorm.sav (bzw. ratenorm.sav bzw. mixnorm.sav)".

SPSS-Job zur Ermittlung der durchschnittlichen normierten Teilnutzenwerte

DESCRIPTIVES

VARIABLES = all
\STATISTICS= mean.

Anhang 13

DURCHSCHNITTLICHE RELATIVE WICHTIGKEITEN

• RANKING-Gruppe

	Land	Sich	Komf	Serv	Unt
allgemein	30,86	27,05	15,93	17,93	8,23
männlich	34,32	24,22	16,64	16,98	7,84
weiblich	22,79	33,66	14,28	20,13	9,14
16-35	35,36	26,61	15,98	14,24	7,81
36-45	33,82	21,25	18,30	19,35	7,28
>45	22,59	31,68	14,22	22,04	9,46
Schüler/Student	37,35	24,29	16,65	11,90	9,81
Angestellte	42,79	22,55	12,21	16,58	5,86
Andere	18,09	31,97	19,00	21,13	9,81
höchstens 1	26,76	31,76	15,58	16,54	9,37
mindestens 2	34,57	22,79	16,25	19,19	7,20
deutsch	33,92	32,25	7,51	15,61	10,71
englisch	30,21	25,95	17,72	18,42	7,70

• RATING-Gruppe

	Land	Sich	Komf	Serv	Unt
allgemein	27,21	21,45	16,07	22,73	12,54
männlich	26,98	20,78	15,12	24,72	12,40
weiblich	27,99	23,77	19,32	15,87	13,05
16-35	27,63	18,69	17,60	24,34	11,74
36-45	26,94	23,39	14,84	23,22	11,62
>45	26,09	28,45	12,38	16,58	16,50
Schüler/Student	30,53	26,21	19,77	16,08	7,41
Angestellte	25,83	18,76	15,54	26,29	13,59
Andere	28,05	24,33	14,69	19,19	13,74
höchstens 1	28,01	27,31	17,20	20,07	7,41
mindestens 2	26,72	17,94	15,39	24,32	15,63
deutsch	29,54	25,64	19,51	14,64	10,67
englisch	26,32	19,87	14,76	25,80	13,25

• MISCHFORM-Gruppe

	Land	Sich	Komf	Serv	Unt
allgemein	28,57	29,14	12,03	17,82	12,45
männlich	29,50	29,16	12,93	16,50	11,92
weiblich	25,36	29,07	8,92	22,36	14,29
16-35	31,80	25,98	11,30	18,98	11,94
36-45	22,72	34,46	8,65	16,92	17,25
>45	23,70	34,33	18,49	14,69	8,79
Schüler/Student	37,11	21,48	15,55	17,68	8,17
Angestellte	30,09	26,09	12,74	16,70	14,38
Andere	18,09	44,22	7,40	21,69	8,60
höchstens 1	28,19	29,11	10,71	20,58	11,42
mindestens 2	29,36	29,20	14,76	12,09	14,59
deutsch	19,72	32,50	6,34	25,20	16,24
englisch	30,13	28,55	13,03	16,52	11,78

Anhang 14

DURCHSCHNITTLICHE NORMIERTE TEILNUTZENWERTE

	Land			Sich		Komf		Serv		Unt	
	0	1	2	normal	hoch	normal	hoch	DNV	K=K	kollekt.	individ.

• RANKING

	0	1	2	normal	hoch	normal	hoch	DNV	K=K	kollekt.	individ.
allgemein	0,2205	0,0950	0,0382	0,0043	0,2456	0,0081	0,1418	0,0077	0,1624	0,0121	0,0642
männlich	0,2356	0,1133	0,0455	0,0017	0,2167	0,0079	0,1482	0,0084	0,1507	0,0173	0,0547
weiblich	0,1853	0,0524	0,0213	0,0104	0,3130	0,0086	0,1270	0,0060	0,1895	0,0000	0,0866
16-35	0,2469	0,1324	0,0303	0,0069	0,2328	0,0028	0,1451	0,0104	0,1226	0,0112	0,0586
36-45	0,2664	0,0600	0,0433	0,0000	0,1969	0,0069	0,1681	0,0056	0,1830	0,0191	0,0508
>45	0,1520	0,0675	0,0457	0,0037	0,2971	0,0164	0,1190	0,0056	0,2032	0,0086	0,0814
Schüler/Student	0,2990	0,0946	0,0250	0,0208	0,2011	0,0083	0,1494	0,0000	0,1113	0,0119	0,0786
Angestellte	0,2838	0,1489	0,0502	0,0030	0,2001	0,0000	0,1101	0,0121	0,1408	0,0124	0,0387
Andere	0,1380	0,0473	0,0319	0,0000	0,3009	0,0153	0,1675	0,0064	0,1986	0,0119	0,0822
höchstens 1	0,1942	0,0732	0,0368	0,0000	0,2997	0,0138	0,1355	0,0113	0,1469	0,0038	0,0849
mindestens 2	0,2442	0,1148	0,0395	0,0082	0,1967	0,0030	0,1475	0,0045	0,1764	0,0197	0,0456
deutsch	0,2801	0,0745	0,0411	0,0000	0,2931	0,0304	0,0339	0,0062	0,1410	0,0149	0,0849
englisch	0,2078	0,0994	0,0376	0,0052	0,2355	0,0034	0,1647	0,0080	0,1669	0,0116	0,0599

• RATING

	0	1	2	normal	hoch	normal	hoch	DNV	K=K	kollekt.	individ.
allgemein	0,2097	0,0890	0,0410	0,0073	0,1894	0,0251	0,1201	0,0134	0,1908	0,0219	0,0922
männlich	0,2004	0,0907	0,0436	0,0095	0,1822	0,0233	0,1144	0,0173	0,2056	0,0082	0,1048
weiblich	0,2418	0,0832	0,0319	0,0000	0,2140	0,0310	0,1397	0,0000	0,1400	0,0694	0,0490
16-35	0,2139	0,1046	0,0294	0,0103	0,1603	0,0225	0,1348	0,0224	0,1962	0,0109	0,0947
36-45	0,2290	0,0697	0,0319	0,0053	0,2106	0,0340	0,1029	0,0000	0,2088	0,0053	0,1024
>45	0,1702	0,0604	0,0922	0,0000	0,2620	0,0226	0,0918	0,0000	0,1495	0,0810	0,0704
Schüler/Student	0,2503	0,0985	0,0190	0,0077	0,2318	0,0510	0,1267	0,0075	0,1417	0,0130	0,0528
Angestellte	0,1971	0,0904	0,0414	0,0084	0,1624	0,0183	0,1221	0,0000	0,2361	0,0147	0,1090
Andere	0,2102	0,0792	0,0552	0,0048	0,2218	0,0225	0,1109	0,0484	0,1212	0,0448	0,0811
höchstens 1	0,2261	0,0771	0,0413	0,0036	0,2476	0,0235	0,1306	0,0000	0,1831	0,0089	0,0582
mindestens 2	0,1998	0,0962	0,0407	0,0096	0,1545	0,0260	0,1138	0,0215	0,1955	0,0297	0,1126
deutsch	0,2340	0,0704	0,0545	0,0049	0,2298	0,0273	0,1465	0,0000	0,1353	0,0485	0,0487
englisch	0,2005	0,0961	0,0358	0,0083	0,1741	0,0242	0,1101	0,0185	0,2119	0,0119	0,1087

• MISCHFORM

	0	1	2	normal	hoch	normal	hoch	DNV	K=K	kollekt.	individ.
allgemein	0,2126	0,1209	0,0285	0,0058	0,2544	0,0106	0,0961	0,0128	0,1478	0,0085	0,1020
männlich	0,2179	0,1268	0,0258	0,0075	0,2523	0,0128	0,1026	0,0087	0,1400	0,0080	0,0976
weiblich	0,1942	0,1004	0,0378	0,0000	0,2619	0,0033	0,0735	0,0269	0,1749	0,0100	0,1172
16-35	0,2260	0,1440	0,0319	0,0082	0,2183	0,0133	0,0842	0,0192	0,1500	0,0124	0,0926
36-45	0,1726	0,1231	0,0275	0,0000	0,3025	0,0116	0,0626	0,0000	0,1504	0,0000	0,1497
>45	0,2106	0,0355	0,0173	0,0042	0,3286	0,0000	0,1768	0,0045	0,1372	0,0042	0,0810
Schüler/Student	0,2932	0,1683	0,0111	0,0000	0,1771	0,0000	0,1322	0,0000	0,1463	0,0330	0,0389
Angestellte	0,2123	0,1390	0,0293	0,0086	0,2206	0,0158	0,0970	0,0099	0,1405	0,0042	0,1228
Andere	0,1632	0,0299	0,0367	0,0000	0,4170	0,0000	0,0703	0,0303	0,1736	0,0076	0,0714
höchstens 1	0,2235	0,0974	0,0307	0,0011	0,2606	0,0030	0,0934	0,0101	0,1758	0,0125	0,0918
mindestens 2	0,1899	0,1696	0,0239	0,0157	0,2416	0,0264	0,1016	0,0182	0,0896	0,0000	0,1233
deutsch	0,1487	0,0897	0,0175	0,0000	0,3034	0,0088	0,0463	0,0000	0,2355	0,0000	0,1502
englisch	0,2239	0,1264	0,0304	0,0069	0,2458	0,0110	0,1048	0,0150	0,1324	0,0100	0,0935

Anhang 15

SEGMENTSPEZIFISCHE WICHTIGKEITEN DER GESAMTEN STICHPROBE

	Geschlecht		Alter			Beruf			Flughäufig.		Sprache	
	Männ. (90)	Frau. (30)	16-35 (67)	36-45 (26)	>45 (27)	Sch./S (18)	Ang. (66)	And. (36)	max1 (61)	min2 (59)	deut. (24)	engl. (96)
Wichtigkeit in %												
Land	30,13	25,12	31,26	28,02	23,79	34,63	31,68	20,86	27,70	30,10	28,36	29,01
Sich	24,74	29,32	23,54	26,06	31,53	24,26	22,68	32,57	29,49	22,15	29,28	25,03
Komf	14,84	14,18	14,81	14,13	14,85	17,56	13,59	15,23	13,82	15,56	12,71	15,16
Serv	19,48	19,52	19,63	19,94	18,72	15,13	20,01	20,72	19,20	19,80	17,56	19,98
Unt	10,82	11,86	10,76	11,85	11,11	8,42	12,04	10,63	9,80	12,40	12,07	10,82

LITERATURVERZEICHNIS

Addelman, Sidney (1962):
Orthogonal Main-Effect Plans for Asymmetrical Factorial Experiments, in: Technometrics, Vol. 4, No.1, 1962, S. 21-46

Albach, Horst (1989):
Dienstleistungen in der modernen Industriegesellschaft, München 1989

Anderson, Eugene / Fornell, Claes / Lehmann, Donald R. (1994):
Customer Satisfaction, Market Share and Profitability - Findings from Sweden, in: Journal of Marketing, Vol. 54, July 1994, S. 53-66

Babakus, Emin / Boller, Gregory W. (1992):
An Empirical Assessment of the SERVQUAL Scale, in: Journal of Business Research, Vol. 24, No. 3, 1992, S. 253-268

Backhaus, Klaus / Erichson, Bernd / Plinke, Wulff / Weiber, Rolf (1996):
Multivariate Analysemethoden - Eine anwendungsorientierte Einführung, 8., verbesserte Auflage, Berlin et al. 1996

Backhaus, Klaus / Weiber, Rolf (1989):
Entwicklung einer Marketing-Konzeption mit SPSS/PC+, Berlin et al. 1989

Balderjahn, Ingo (1994):
Der Einsatz der Conjoint-Analyse zur Bestimmung von Preisabsatzfunktionen, in: Marketing ZFP, 15. Jg., Heft 1, I. Quartal 1994, S. 12-20

Bauer, Hans H. (1995):
Marktliche Einzeltransaktion und Geschäftsbeziehung sowie Sach- und Dienstleistung als jeweils eigenständige Erkenntnisobjekte?, in: Marketing ZFP, 17. Jg., Heft 1, I. Quartal 1995, S. 44-47

Bauer, Hans H. / Herrmann, Andreas / Graf, Gerald (1995):
Die nutzenorientierte Gestaltung der Distribution für ein Produkt, in: GfK - Jahrbuch der Absatz- und Verbrauchsforschung, 41. Jg., Heft 1, 1995, S. 4-15

Bauer, Hans H. / Herrmann, Andreas / Mengen, Andreas (1994):
Eine Methode zur gewinnmaximalen Produktgestaltung auf der Basis des Conjoint Measurement, in: Zeitschrift für Betriebswirtschaft, 64. Jg., Heft 1, 1994, S. 81-94

Bauer, Hans H. / Müller, Wolfgang (1992):
Integratives Dienstleistungsmarketing im Automobilhandel, in: Absatzwirtschaft, 35. Jg., Heft 11, 1992, S. 112-117

Bauer, Hans H. / Thomas, Uwe (1984):
Die Präferenzen von Arbeitnehmern gegenüber Tarifvertragskomponenten - Eine empirische Analyse mit Hilfe des Conjoint Measurement, in: Schmalenbachs Zeitschrift für betriebswirtschaftliche Forschung, 36. Jg., Nr. 3, 1984, S. 200-228

Beckmann, Frank (1992):
„Die beste Qualität ist unser Ziel" - Die Deutsche Lufthansa AG setzt auf „weiche" Service-Qualität, in: Marketing-Journal, 25. Jg., Nr. 2, April/Mai 1992, S. 116-121

Benkenstein, Martin (1993):
Dienstleistungsqualität - Ansätze zur Messung und Implikationen für die Steuerung, in: Zeitschrift für Betriebswirtschaft, 63. Jg., Heft 11, 1993, S. 1095-1115

Berekhoven, Ludwig / Eckert, Werner / Ellenrieder, Peter (1993):
Marktforschung - Methodische Grundlagen und praktische Anwendung, 6., aktualisierte Auflage, Wiesbaden 1993

Berekhoven, Ludwig / Eckert, Werner / Ellenrieder, Peter (1996):
Marktforschung - Methodische Grundlagen und praktische Anwendung, 7., vollständig überarbeitete und erweiterte Auflage, Wiesbaden 1996

Berry, Leonard (1986):
Big Ideas In Services Marketing, in: Venkatesan, M./Schmalensee, Diane M./Marshall, Claudia (Hrsg.): Creativity in Services Marketing - What's New, What Works, What's Developing, Chicago/Il. 1986, S. 6-8

Berry, Leonard L. / Parasuraman, Anantharanthan (1992):
Service-Marketing, Frankfurt/Main, New York 1992

Bleicker, Ulrike (1983):
Produktbeurteilung der Konsumenten, Würzburg, Wien 1983

Böcker, Franz (1986):
Präferenzforschung als Mittel marktorientierter Unternehmensführung, in: Schmalenbachs Zeitschrift für betriebswirtschaftliche Forschung, 38. Jg., Nr. 7/8, 1986, S. 543-574

Booms, Bernhard, H. / Bitner, Mary J. (1981):
Marketing Strategies and Organization Structures For Service Firms, in: Donnelly, James H./George, William R. (Hrsg.): Marketing of Services, Chicago/Ill. 1981, S. 47-51

Brandt, D. Randall (1988):
How Service Marketers Can Identify Value-Enhancing Service Elements, in: Journal of Services Marketing, Vol. 2, No. 3, Summer 1988, S. 35-41

Braunburg, Rudolf (1991):
Die Geschichte der Lufthansa - Vom Doppeldecker zum Airbus, Hamburg 1991

Brosius, Gerhard / Brosius, Felix (1995):
SPSS Base System und Professional Statistics, 1. Auflage, Bonn et al. 1995

Bruhn, Manfred (1995):
Qualitätssicherung im Dienstleistungsmarketing - eine Einführung in die theoretischen und praktischen Probleme, in: Bruhn, Manfred / Stauss, Bernd (Hrsg.): Dienstleistungsqualität - Konzepte, Methoden, Erfahrungen, 2., überarbeitete und erweiterte Auflage, Wiesbaden 1995, S. 19-46

Bruhn, Manfred / Hennig, Kerstin (1993):
Selektion und Strukturierung von Qualitätsmerkmalen - Auf dem Weg zu einem umfassenden Qualitätsmanagement für Kreditinstitute (Teil 1), in: GfK - Jahrbuch der Absatz- und Verbrauchsforschung, 39. Jg., Nr. 3, 1993, S. 214-238

Buchtele, Franz / Holzmüller, Hartmut H. (1990):
Die Bedeutung der Umweltverträglichkeit von Produkten für die Käuferpräferenz - Ergebnisse einer Conjoint-Analyse bei Holzschutzmitteln, in: GfK - Jahrbuch der Absatz- und Verbrauchsforschung, 36. Jg., Heft 1, 1990, S. 86-102

Bühl, Achim / Zöfel, Peter (1995):
SPSS für Windows Version 6.1 - Praxisorientierte Einführung in die moderne Datenanalyse, 2., überarbeitete und erweiterte Auflage, Bonn et al. 1995

Bühl, Achim / Zöfel, Peter (1996):
Professionelle Datenanalyse mit SPSS für Windows, Bonn et al. 1996

Buttler, Günter / Stegner, Eberhard (1990):
Industrielle Dienstleistungen, in: Schmalenbachs Zeitschrift für betriebswirtschaftliche Forschung, 42. Jg., Heft 11, 1990, S. 931-946

Buzzell, Robert D. / Gale, Bradley T. (1989):
Das PIMS-Programm - Strategien und Unternehmenserfolg, Wiesbaden 1989

Claasen, Werner (1991):
Lufthansa-Service an Bord und am Boden, in: Deutsche Lufthansa AG (Hrsg.): Lufthansa Jahrbuch '91, Köln 1991, S. 121-129

Corsten, Hans (1985):
Die Produktion von Dienstleistungen - Grundzüge einer Produktionswirtschaft des tertiären Sektors, Berlin 1985

Corsten, Hans (1988):
Dienstleistungen in produktionstheoretischer Interpretation, in: Das Wirtschaftsstudium, 17. Jg., Heft 2, Februar 1988, S. 81-87

Corsten, Hans (1990):
Betriebswirtschaftslehre der Dienstleistungsunternehmen, 2., durchgesehene Auflage, München, Wien 1990

Currim, Imran S. / Weinberg, Charles B. / Witting, Dick R. (1981):
The Design of Subscription Programs for a Performing Arts Series, in: Journal of Consumer Research, Vol. 8, No. 1, June 1981, S. 67-75

Deutsche Gesellschaft für Qualität e.V. (Hrsg.) (1995):
Begriffe zum Qualitätsmanagement, 6. Auflage, Berlin et al. 1995

Deutsche Lufthansa AG (Hrsg.) (1969):
Boeing 737 City Jet, Köln 1969

Deutsche Lufthansa AG (Hrsg.) (1992):
Lufthansa Jahrbuch '92, Köln 1992

Deutsche Lufthansa AG (Hrsg.) (1996):
Geschäftsbericht, Köln 1996

Deutsches Institut für Normung e. V. (Hrsg.) (1995):
Qualitätsmanagement, Statistik, Zertifizierung - Begriffe aus DIN-Normen, 2., erweiterte Auflage, Berlin et al. 1995

Dichtl, Erwin / Thomas, Uwe (1986):
Der Einsatz des Conjoint Measurement im Rahmen der Verpackungsmarktforschung, in: Marketing ZFP, 8. Jg., Heft 1, Februar 1986, S. 27-33

Didow Jr., Nicholas M. / Barksdale Jr., Hiram C. (1982):
Conjoint Measurement Experiment of Consumer Complaining Behavior, in: Journal of Business Research, Vol. 10, No. 4, 1982, S. 419-429

Donabedian, Avedis (1980):
The Definition of Quality and Approaches to its Assessment - Explorations in Quality Assessment and Monitoring, Volume I, Ann Arbor/Mi. 1980

Engelhard, Werner H./ Kleinaltenkamp, M./Reckenfelderbäumer, M. (1993):
Leistungsbündel als Absatzobjekte - Ein Ansatz zur Überwindung der Dichotomie von Sach- und Dienstleistungen, in: Schmalenbachs Zeitschrift für betriebswirtschaftliche Forschung, 45. Jg., Nr. 5, 1993, S. 395-426

Falk, Bernd (1980):
Zur Bedeutung des Dienstleistungsmarketing, in: Falk, Bernd (Hrsg.): Dienstleistungsmarketing, Landsberg am Lech 1980, S. 9-28

Fenwick, Ian (1978):
A User's Guide to Conjoint Measurement in Marketing, in: European Journal of Marketing, Vol. 12, No. 2, 1978, S. 203-211

Fischer, Bernd (1995):
Gewerblicher Luftverkehr 1994, in: Statistisches Bundesamt (Hrsg.): Wirtschaft und Statistik 8/1995, S. 617-621

Fishbein, Martin (1963):
An Investigation of the Relationships about an Object and the Attitude toward that Object, in: Human Relations, Vol. 16, August 1963, S. 233-240

Fourastié, Jean (1954):
Die große Hoffnung des zwanzigsten Jahrhunderts, Köln-Deutz 1954

Garhammer, Manfred (1988):
Die unbezahlte häusliche Dienstleistungsproduktion - ein Beitrag zur Diskussion über Dienstleistungsbesonderheiten, in: in: GfK - Jahrbuch der Absatz- und Verbrauchsforschung, 34. Jg., Nr. 1, 1988, S. 61-94

Garvin, David A. (1984):
What Does „Product Quality" Really Mean?, in: Sloan Management Review, Vol. 26, No.1, Fall 1984, S. 25-43

Ginter, James L. (1974):
An Experimental Investigation of Attitude Change and Choice of a New Brand, in: Journal of Marketing Research, Vol. 11, February 1974, S. 30-40

Green, Paul E. / Rao, Vithala R. (1971):
Conjoint Measurement for Quantifying Judgemental Data, in: Journal of Marketing Research, Vol. 8, August 1971, S. 355-363

Green, Paul E. / Srinivasan, V. (1978):
Conjoint Analysis in Consumer Research: Issues and Outlook, in: Journal of Consumer Research, Vol. 5, September 1978, S. 103-123

Green, Paul E. / Srinivasan, V. (1990):
Conjoint Analysis in Marketing: New Developments With Implications for Research and Practice, in: Journal of Marketing, Vol. 54, October 1990, S. 3-19

Green, Paul E. / Tull, Donald S. (1982):
Methoden und Techniken der Marketingforschung, 4. Auflage, Stuttgart 1982

Green, Paul E. / Wind, Yoram (1973):
Multiattribute Decisions in Marketing - A Measurement Approach, Hinsdale/Ill., 1973

Grönroos, Christian (1983):
Strategic Management and Marketing in the Service Sector, Cambridge/Mass. 1983

Grönroos, Christian (1990):
Service management and marketing - Managing the moment of truth in service competition, Lexington/Mass., Toronto 1990

Gutsche, Jens (1995):
Produktpräferenzanalyse - Ein modelltheoretisches und methodisches Konzept zur Marktsimulation mittels Präferenzerfassungsmodellen, Berlin 1995

Haedrich, Günther (1995):
Qualitätsmanagement, in: Tietz, Bruno (Hrsg.): Handwörterbuch des Marketing, 2., vollständig überarbeitete Auflage, Stuttgart 1995, Sp. 2205-2214

Hammann, Peter / Erichson, Bernd (1994):
Marktforschung, 3., überarbeitete und erweiterte Auflage, Stuttgart et al.1994

Heidan, Elisabeth (1991):
Deutsche Lufthansa und internationale Luftverkehrsgesellschaften, in: Riedner, Mike (Hrsg.): Faszination Fliegen - 100 Jahre Luftfahrt, Stuttgart 1991, S. 336-349

Heidepeter, Lothar (1989):
Wenn sie in die Luft gehen... - Tips für Flugreisende, in: Arbeitsgemeinschaft der Verbraucherverbände e.V. (Hrsg.): Verbraucher Rundschau, Nr. 11, 1989, S. 2-25

Hentschel, Bert (1990):
Die Messung wahrgenommener Dienstleistungsqualität mit SERVQUAL - Eine kritische Auseinandersetzung, in: Marketing ZFP, 12. Jg., Heft 4, IV. Quartal 1990, S. 230-240

Hentschel, Bert (1995):
Mutliattributive Messung von Dienstleistungsqualität, in: Bruhn, Manfred / Stauss, Bern (Hrsg.): Dienstleistungsqualität - Konzepte, Methoden, Erfahrungen, 2., überarbeitete und erweiterte Auflage, Wiesbaden 1995, S. 347-378

Heskett, J. L. / Jones, T. / Loveman, G. / Sasser, W. / Schlesinger, L. (1994):
Dienstleister müssen die ganze Service-Gewinn-Kette nutzen, in: Harvard Business Manager, 16. Jg., Nr. 4, 1994, S. 50-61

Hilke, Wolfgang (1984):
Dienstleistungs-Marketing aus der Sicht der Wissenschaft, in: Meffert, Heribert/Wagner, Helmut (Hrsg.): Dienstleistung-Marketing - Dokumentation des Workshops vom 28. November 1983, o. O. 1984, S. 10-37

Hilke, Wolfgang (1989):
Grundprobleme und Entwicklungstendenzen des Dienstleistungs-Marketing, in: Hilke, Wolfgang (Hrsg.): Schriften zur Unternehmensführung, Band 35, Dienstleistung-Marketing, Wiesbaden 1989, S. 5-44

Horovitz, Jacques (1989):
Service entscheidet - Im Wettbewerb um den Kunden, Frankfurt/Main, New York 1989

Jain, Arun K. / Acito, Franklin / Malhotra, Naresh / Mahajan, Vijay (1979):
A Comparison of the Internal Validity of Alternative Parameter Estimation Methods in Decompositional Multiattribute Preference Models, in: Journal of Marketing Research, Vol. 16, No. 3, August 1979, S. 313-322

Johnson, Peter (1993):
Air transport, in: Johnson, Peter (Hrsg.): European Industries - Structure Conduct and Performance, Durham 1993, S. 204-229

Johnson, Richard M. (1974):
Trade-Off Analysis of Consumer Values, in: Journal of Marketing Research, Vol. 11, May 1974, S. 121-127

Jüngst, Kerstin / Mengen, Andreas (1995):
Käuferpräferenzmessung mit Conjoint Measurement und Componential Segmentation, in: Baier, Daniel / Decker, Reinhold (Hrsg.): Marketingprobleme - Innovative Lösungsansätze aus Forschung und Praxis, Regensburg 1995, S. 91-102

Kanzler, Peter (1995):
Duell am Counter, in: Wirtschaftswoche, 49. Jg., Nr. 27 vom 29.06.1995, S. 69

Kara, Ali / Erdener, Kaynak / Kucukemiroglu, Orsay (1994):
Credit Card Development Strategies for the Youth Market, in: International Journal of Bank Marketing, Vol. 12, No. 6, 1994, S. 30-36

Klein, Hemjö (1995):
Management von Kundenzufriedenheit bei der Deutschen Lufthansa AG, in: Simon, Hermann / Homburg, Christian (Hrsg.): Kundenzufriedenheit - Konzepte, Methoden, Erfahrungen, Wiesbaden 1995, S. 367-386

Kotler, Philip / Bliemel, Friedrich W. (1992):
Marketing-Management - Analyse, Planung, Umsetzung und Steuerung, 7., vollständig neu bearbeitete und erweiterte Auflage, Stuttgart 1992

Kowalewsky, Reinhard (1995):
Noch früher, in: Wirtschaftswoche, 49. Jg., Nr. 19 vom 04.05.1995, S. 44-47

Kreß, Rüdiger (1994):
Chef an Bord, in: Wirtschaftswoche, 48. Jg., Nr. 17 vom 22.04.1994, S. 86

Kreß, Rüdiger / Schweizer, Michael T. (1994):
Schlecht beraten, in: Wirtschaftswoche, 48. Jg., Nr. 9 vom 25.02.1994, S. 86-88

Kroeber-Riel, Werner (1990):
Konsumentenverhalten, 4., wesentlich erneuerte und erweiterte Auflage, München 1990

Kruskal, Joseph B. (1964a):
Multidimensional Scaling by Optimizing Goodness of Fit to a Nonmetric Hypothesis, in: Psychometrika, Vol. 29, No. 1, March 1964, S. 1-27

Kruskal, Joseph B. (1964b):
Nonmetric Multidimensional Scaling: A Numerical Method, in: Psychometrika, Vol. 29, No. 2, June 1964, S. 115-129

Kucher, Eckhard / Simon, Hermann (1987):
Conjoint-Measurement - Durchbruch bei der Preisentscheidung, in: Harvard Manager, Nr. 3, 1987, S. 28-37

Lehmann, Donald R. (1971):
Television Show Preferences - Application of a Choice Model, in: Journal of Marketing Research, Vol. 8., February 1971, S. 47-55

Liljander, Veronica / Strandvik, Tore (1993):
Different Comparison Standards as Determinants of Service Quality, in: Thelen, Eva M./Mairamhof, Gaby B. (Hrsg.): Dienstleistungsmarketing - Eine Bestandsaufnahme, Frankfurt et al. 1993, S. 127-150

Lovelock, Christopher H. (1983):
Classifying Services to Gain Strategic Marketing Insights, in: Journal of Marketing, Vol. 47, No. 3, Summer 1983, S. 9-20

Luce, Robert D. /Tukey, John W. (1964):
Simultaneous Monjoint Measurement - A New Type of Fundamental Measurement, in: Journal of Mathematical Psychology, Vol. 11, February 1964, S. 1-27

Maleri, Rudolf (1994):
Grundlagen der Dienstleistungsproduktion, Dritte, vollständig überarbeitete und erweiterte Auflage, Berlin et al. 1994

Malhotra, Naresh K. (1982):
Structural Reliability and Stability of Nonmetric Conjoint Analysis, in: Journal of Marketing Research, Vol. 19, May 1982, S. 199-207

Meffert, Heribert (1995):
Dienstleistungs-Marketing, in: Tietz, Bruno (Hrsg.): Handwörterbuch des Marketing, 2., vollständig überarbeitete Auflage, Stuttgart 1995, Sp. 454-469

Meffert, Heribert / Bruhn, Manfred (1995):
Dienstleistungsmarketing - Grundlagen, Konzepte, Methoden, Wiesbaden 1995

Meier, Erich (1992):
Luftverkehr in der Rezession, in: Deutsche Lufthansa AG (Hrsg.): Lufthansa Jahrbuch '92, Köln 1992, S. 123-129

Mengen, Andreas (1993):
Konzeptgestaltung von Dienstleistungsprodukten - Eine Conjoint-Analyse im Luftfrachtmarkt unter Berücksichtigung der Qualitätsunsicherheit beim Dienstleistungskauf, Stuttgart 1993

Mengen, Andreas / Simon, Hermann (1996):
Produkt- und Preisgestaltung mit Conjoint Measurement, in: Das Wirtschaftsstudium, Nr. 3, 1996, S. 229-236

Meyer, Anton (1990):
Dienstleistung-Marketing, in: Meyer, Paul W. / Meyer, Anton (Hrsg.): Marketing-Systeme - Grundlagen des institutionalen Marketing, Stuttgart et al. 1990, S. 173-220

Meyer, Anton (1991):
Dienstleistung-Marketing, in: Die Betriebswirtschaft, 51. Jg., Nr. 2, März/April 1991, S. 195-210

Meyer, Anton / Mattmüller, Roland (1987):
Qualität von Dienstleistungen - Entwurf eines praxisorientierten Qualitätsmodells, in: Marketing ZFP, 9. Jg., Heft 3, August 1987, S. 187-195

Meyer, Paul W. / Meyer, Anton (1990):
Dienstleistungen - Die große Hoffnung für Wirtschaft und Wirtschaftswissenschaften in den neunziger Jahren, in: GfK - Jahrbuch der Absatz- und Verbrauchsforschung, Nr. 2, 1990, S. 124-139

Mundt, Jörn W. (1993):
Marktforschung, in: Mundt, Jörn W. (Hrsg.): Reiseveranstaltung, München, Wien 1993, S. 329-364

Nicolai, Birger (1997):
Der Preiskampf über den Wolken geht in neue Höhen, in: Mannheimer Morgen, Nr. 43 vom 21.02.1997, S. 4.

Nieschlag, Robert / Dichtl, Erwin / Hörschgen, Hans (1994):
Marketing, 17., neu bearbeitete Auflage, Berlin 1994

o. V. (1990):
Many Consumers Expext Better Service and Say They Are Willing to Pay for It, in: Wall Street Journal vom 12.11.1990, S. B1

o. V. (1995a):
Rekordauslastung auf Atlantikflügen, in: Süddeutsche Zeitung, Nr. 204 vom 05.09.1995, S. 23

o. V. (1995b):
Lufthansa nimmt billige Flüge aus dem Programm, in: Die Welt, 21.09.1995, S. 16

o. V. (1995c):
Würstchen im Schlafrock, in: Wirtschaftswoche, 49. Jg., Nr. 45 vom 02.11.1995, S. 146

o. V. (1996a):
Fluggesellschaften mit Rekordgewinn, in: Mannheimer Morgen, Nr. 256 vom 05.11.1996, S. 6

o. V. (1996b):
Der Kranich ist flügge - Die volle Privatisierung der Lufthansa ist in greifbarer Nähe, in: Mannheimer Morgen, Nr. 265 vom 15.11.1996, S. 4

o. V. (1997a):
Bonn läßt Lufthansa in die Freiheit fliegen, in: Mannheimer Morgen, Nr. 11 vom 15.01.1997, S. 5

o. V. (1997b):
Mahnung an Lufthansa, in: Mannheimer Morgen, Nr. 12 vom 16.01.1997, S. 10

o. V. (1997c):
Cathay Pacific erweitert Bordservice, in: Süddeutsche Zeitung, Nr. 16 vom 21.01.1997, S. VII

o. V. (1997d):
Kranich baut ein eigenes Nest, in: Mannheimer Morgen, Nr. 30 vom 06.02.1997, S. 6

o. V. (1997e):
Schuß vor den Lufthansa-Bug, in: Mannheimer Morgen, Nr. 46 vom 25.02.1997, S. 5

o. V. (1997f):
Lufthansa fliegt weniger Gewinn ein, in: Mannheimer Morgen, Nr. 57 vom 10.03.1997, S. 3

Ochel, Wolfgang / Schreyer, Paul (1988):
Beschäftigtenentwicklung im Bereich der privaten Dienstleistungen - USA und Bundesrepublik Deutschland im Vergleich, Berlin 1988

Oess, Attila (1993):
Total Quality Management - Die ganzheitliche Qualitätsstrategie, 3. Auflage, Wiesbaden 1993

Oliver, Richard L. (1980):
A Cognitive Model of the Antecedents and Consequences of Satisfaction Decisions, in: Journal of Marketing Research, Vol. XVII, November 1980, S. 460-469

Oppermann, Ralf / Schubert, Bernd (1994):
Konzeption der Dienstleistung „Studienreise" mittels Conjoint-Analyse, in: Der Markt, 33. Jg., Nr. 128, 1994/1, S. 23-30

Parasuraman, Anantharanthan/ Zeithaml, Valarie A./Berry, Leonard (1988):
SERVQUAL - A Multiple-Item Scale for Measuring Consumer Perceptions of Service Quality, in: Journal of Retailing, Vol. 64, No. 1, Spring 1988, S. 12-40

Pepels, Werner (1995):
Einführung in das Dienstleistungsmarketing, München 1995

Perlitz, Manfred (1995):
Internationales Management, 2., neu bearbeitete und erweiterte Auflage, Stuttgart, Jena 1995

Perrey, Jesko (1996):
Erhebungsdesign-Effekte bei der Conjoint-Analyse, in: Marketing ZFP, 18. Jg., Heft 2, 2. Quartal 1996, S. 105-116

Reichheld, Frederick F. / Sasser, W. Earl (1991):
Zero-Migration - Dienstleister im Sog der Qualitätsrevolution, in: Harvard Manager, 13. Jg., Nr. 4, 1991, S. 108-116

Regan, William J. (1963):
The Service Revolution, in: Journal of Marketing, Vol. 27, No. 3, July 1963, S. 57-62

Rickens, Christian (1997):
Doppelte Luftnummer ohne Netz - Codesharing-Verbindungen können für den Passagier zum Blindflug werden, in: Süddeutsche Zeitung, Nr. 16 vom 21.01.1997, S. X

Rosada, Michael (1990):
Kundendienststrategien im Automobilsektor - Theoretische Fundierung und Umsetzung eines Konzeptes zur differenzierten Vermarktung von Sekundärdienstleistungen, Berlin 1990

Safizadeh, M. Hossein (1989):
The Internal Validity of the Trade-Off Method of Conjoint Analysis, in: Decision Sciences, Vol. 20, No. 3, 1989, S. 451-461

Sampson, Anthony (1984):
Empires of the Sky - The Politics, Contests and Cartels of World Airlines, London et al.1984

Sattler, Henrik (1991):
Herkunfts- und Gütezeichen im Kaufentscheidungsprozeß - Die Conjoint-Analyse als Instrument der Bedeutungsmessung, Stuttgart 1991

Saugal, Michael / Student, Dietmar (1993):
Dienstleistungen - Volk von Sängern, in: Wirtschaftswoche, 47. Jg., Nr. 24 vom 11.06.1993, S. 24-31

Scharitzer, Dieter (1993):
Das Dienstleistungs-"Produkt", in: Der Markt, 32. Jg., Nr. 125, 1993/2, S. 94-102

Scheuch, Fritz (1982):
Dienstleistungsmarketing, München 1982

Schubert, Bernd (1991):
Entwicklung von Konzepten für Produktinnovationen mittels Conjointanalyse, Stuttgart 1991

Schubert, Bernd (1995):
Conjoint-Analyse, in: Tietz, Bruno (Hrsg.): Handwörterbuch des Marketing, 2., vollständig überarbeitete Auflage, Stuttgart 1995, Sp. 376-389

Schubert, Bernd / Wolf, Anja (1993):
Erlebnisorientierte Produktgestaltung, in: Arnold, Ulli / Eierhoff, Klaus (Hrsg.): Marketingfocus: Produktmanagement, Stuttgart 1993, S. 121-151

Schweikl, Herbert (1985):
Computergestützte Präferenzanalyse mit individuell wichtigen Produktmerkmalen, Berlin 1985

Schwenker, Burkhard (1989):
Dienstleistungsunternehmen im Wettbewerb - Marktdynamik und strategische Entwicklungslinien, Wiesbaden 1989

Schwipps, Werner (1991a):
Die Anfänge, in: Riedner, Mike (Hrsg.): Faszination Fliegen - 100 Jahre Luftfahrt, Stuttgart 1991, S. 12-28

Schwipps, Werner (1991b):
Die ersten Fluggeräte, in: Riedner, Mike (Hrsg.): Faszination Fliegen - 100 Jahre Luftfahrt, Stuttgart 1991, S. 30-44

Segal, Madhav N. (1982):
Reliability of Conjoint Analysis - Contrasting Data Collection Procedures, in: Journal of Marketing Research, Vol. 19, February 1982, S. 139-143

Seristö, Hannu (1995):
Airline Performance and Costs - An Analysis of Performance Measurement and Cost Reduction in Major Airlines, Helsinki 1995

SPSS Inc. (Hrsg.) (1990):
SPSS Categories, Chicago/Ill., 1990

Stadtler, Klaus (1993):
Conjoint Measurement, in: Planung und Analyse, Heft 4, 1993, S. 33-38

Staffelbach, Bruno (1988):
Strategisches Marketing von Dienstleistungen, in: Marketing ZFP, 10. Jg., Heft 4, November 1988, S. 277-284

Statistisches Bundesamt (Hrsg.) (1996):
Statistisches Jahrbuch 1996 für die Bundesrepublik Deutschland, Wiesbaden 1996

Stauss, Bernd / Hentschel, Bert (1991):
Dienstleistungsqualität, in: Wirtschaftswissenschaftliches Studium, 20. Jg., Heft 5, Mai 1991, S. 238-244

Stegmüller, Bruno (1995):
Internationale Marktsegmentierung als Grundlage für internationale Marketing-Konzeptionen, Bergisch-Gladbach, Köln 1995

Sterzenbach, Rüdiger (1996):
Luftverkehr, München et al. 1996

Stevens, Barrie / Michalski, Wolfgang (1994):
Long-term prospects for work and social cohesion in OECD countries - An overview of the issues, in: OECD (Hrsg.): OECD societies in transition - The future of work and leisure, Paris 1994, S. 7-23

Stiff, Ronald / Gleason, Sandra E. (1981):
The Effects of Marketing Activities on the Quality of Professional Service, in: Donnelly, James H./George, William R. (Hrsg.): Marketing of Services, Chicago/Ill. 1981, S. 78-81

Thomas, Lutz (1979):
Conjoint Measurement als Instrument der Absatzforschung, in Marketing ZFP, 1. Jg., Heft 3, September 1979, S. 199-211

Thomas, Lutz (1983):
Der Einfluß von Kindern auf Produktpräferenzen ihrer Mütter, Berlin 1983

Trommsdorff, Volker (1975):
Die Messung von Produktimages für das Marketing - Grundlagen und Operatio-nalisierung, Köln et al. 1975

Trommsdorff, Volker (1993):
Konsumentenverhalten, 2., überarbeitete Auflage, Stuttgart et al. 1993

Tscheulin, Dieter K. (1992):
Optimale Produktgestaltung - Erfolgsprognose mit Analytic Hierarchy Process und Conjoint-Analyse, Wiesbaden 1992

United Airlines (Hrsg.) (1996):
Mileage-Plus-Journal, o. O. 1996

Urban, Glen L. / Hauser, John R. (1980):
Design and Marketing of New Products, Englewood Cliffs/New Jersey 1980

Vogel, Hein (1995):
British Airways setzt neue Maßstäbe, in: Touristik Aktuell, 26. Jg., Nr. 30 vom 27.09.1995, S. 6

Weinberg, Peter / Behrens, Gerald (1978):
Produktqualität - Methodische und verhaltenswissenschaftliche Grundlagen, in: Wirtschaftswissenschaftliches Studium, 7. Jg., Heft 1, Januar 1978, S. 15-18

Weisenfeld, Ursula (1989):
Die Einflüsse von Verfahrensvariationen und der Art des Kaufentscheidungspro-zesses auf die Reliabilität der Ergebnisse bei der Conjoint-Analyse, Berlin 1989

Wimmer, Frank (1987):
Die Produktwahrnehmung und Qualitätsbeurteilung durch den Verbraucher, in: Lisson, Alfred (Hrsg.): Qualität - Die Herausforderung, Berlin et al. 1987, S. 503-523

Wittink, Dick R. / Cattin, Philippe (1989):
Commercial Use of Conjoint Analysis: An Update, in: Journal of Marketing, Vol. 53, July 1989, S. 91-96

Wittink, Dick R. / Krishnamurthi, Lakshman / Nutter, Julia B. (1982):
Comparing Derived Importance Weights Across Attributes, in: Journal of Consu-mer Research, Vol. 8, No. 4, March 1982, S. 471-474

Wittink, Dick R. / Vriens, Marco / Burhenne, Wim (1994):
Commercial Use of Conjoint Analysis in Europe - Results and Critical Reflec-tions, in: International Journal of Research in Marketing, Vol. 11., 1994, S. 41-52

Wöhler, Klaus (1992):
Marktforschung als Voraussetzung für die Produktgestaltung - Zur Anwendung multivariater Analyseverfahren, in: Studienkreis für Tourismus (Hrsg.), Starnberg 1992, S. 105-142

Wolf-Doettinchem, Lorenz / Kolf, Florian / Siems, Dorothea (1995):
Dienstleistung - Kern der Diskussion, in: Wirtschaftswoche, 49. Jg., Nr. 3 vom 12.01.1995, S. 14-18

Zeithaml, Valarie A. (1981):
How Consumer Evaluation Processes Differ Between Goods and Services, in: Donnelly, James H./George, William R. (Hrsg.): Marketing of Services, Chicago/Ill. 1981, S. 186-190

Zeithaml, Valarie A. / Bitner, Mary Jo (1996):
Services Marketing, New York et al. 1996

Zeithaml, Valarie A./ Parasuraman, Anantharanthan/Berry, Leonard (1992):
Qualitätsservice, Frankfurt, New York 1992

EIDESSTATTLICHE ERKLÄRUNG

Ich erkläre hiermit an Eides Statt, daß ich die vorliegende Arbeit selbständig und ohne Benutzung anderer als der angegebenen Hilfsmittel angefertigt habe. Die den benutzten Quellen direkt oder indirekt entnommenen Stellen habe ich als solche kenntlich gemacht.

Diese Arbeit wurde bisher in gleicher oder ähnlicher Form weder einer anderen Prüfungsbehörde vorgelegt, noch veröffentlicht.

Mannheim, im April 1997

Ralf Winkler

Diplomarbeiten Agentur

Die Diplomarbeiten Agentur vermarktet seit 1996 erfolgreich Wirtschaftsstudien, Diplomarbeiten, Magisterarbeiten, Dissertationen und andere Studienabschlußarbeiten aller Fachbereiche und Hochschulen.

Seriosität, Professionalität und Exklusivität prägen unsere Leistungen:

- Kostenlose Aufnahme der Arbeiten in unser Lieferprogramm
- Faire Beteiligung an den Verkaufserlösen
- Autorinnen und Autoren können den Verkaufspreis selber festlegen
- Effizientes Marketing über viele Distributionskanäle
- Präsenz im Internet unter **http://www.diplom.de**
- Umfangreiches Angebot von mehreren tausend Arbeiten
- Großer Bekanntheitsgrad durch Fernsehen, Hörfunk und Printmedien

Setzen Sie sich mit uns in Verbindung:

Diplomarbeiten Agentur
Dipl. Kfm. Dipl. Hdl. Björn Bedey –
Dipl. Wi.-Ing. Martin Haschke ——
und Guido Meyer GbR ———

Hermannstal 119 k ————
22119 Hamburg ————

Fon: 040 / 655 99 20 ————
Fax: 040 / 655 99 222 ————

agentur@diplom.de ————
www.diplom.de ————

www.ingramcontent.com/pod-product-compliance
Lightning Source LLC
LaVergne TN
LVHW092336060326
832902LV00008B/671